AF453973

LE RENARD

OU

LE PROCEZ DES BESTES.

Traduction enrichie de Figures en Taille-douce.

Se vend A BRUXELLES,

Chez { JAQUES PANNEELS, à l'Atlas, rue de Baviere.
CHARLES DE VOS, fur le Marché au Char-
bon, Marchands-Libraires 1739.

Avec Aprobation & Privilege de Sa Majefté Imperiale & Catholique.

A V I S
AU LECTEUR.

IL suffit de sçavoir qu'un Livre est en plusieurs Langues pour le croire de quelque utilité. Celui-ci s'est multiplié en bien des façons. Il a été mis en Latin (a) par HARTMAN SCHOPPER sur l'Original Allemand, qui a pour titre **Der listige Reinecke Fuchs** : En Anglois il est intitulé *Reynard the Fox*, & en Flamand **Reynaert den Vos**. Ainsi voilà des témoignages en sa faveur. Il semble ne contenir qu'une Fable suivie ou un tissu de Fables : neanmoins ce n'est pas une pure fiction, mais une allusion à l'Histoire d'un Comte Austrasien, comme nous l'apprenons d'ECCARD, (b) qui fait descendre le mot *Renard* du nom de ce Comte, & qui fondé en autorité dit ce qui suit.

„ * Sur la fin du neuviéme siecle il y avoit dans le „ Royaume d'Austrasie (c) un Comte appellé „ Reginard ou Reinard, (d) qui passoit pour un „ fin Politique. Il étoit Conseiller de Zwentebold „ son Roi, par qui il fut enfin exilé. S'étant re-„ tiré secretement dans un Château très-fort nom-„ mé *Durfos* qui lui appartenoit, il joua ce Prince

(a) *De admirabili fallaciâ & astutiâ Vulpeculæ Reinikes.* Francof. 1567.

(b) In Præfatione *ad Leibnitii Collectanea Etymologica* Hanov. 1717.

(c) Aujourd'hui la Lorraine.

(d) Il prenoit le titre de Comte d'Ardennes.

AVIS AU LECTEUR.

„ en differentes manieres, fuscitant contre lui tan-
„ tôt les François, tantôt le Roi de Germanie.
„ (*a*) Les Peuples voisins suivant la coûtume de
„ ce tems-là firent des chansons sur la finesse qu'ils
„ remarquerent dans sa conduite. Le Comte même,
„ si je ne me trompe fort, y fut appellé *Vulpecula*.
„ (*b*) C'est ce qui a donné occasion depuis à l'His-
„ toriette du Renard qui se lit & qu'on estime en-
„ core aujourd'hui.

On doit rapporter à la même origine *le Roman du Regnard* composé en Vers par Jaquemars Gie-lée de Lille en Flandre l'an 1290, qui a été imité & mis en Prose par Jean Tenessay, a été imprimé en caracteres Gothiques à Paris en 1487. & est intitulé . . . *le Livre de Maistre Regnard & de Dame Hersant sa femme.*

Mais quoique l'Auteur Allemand & l'Auteur François ou Wallon ayent travaillé sur le même sujet, ils ont traité la matiere bien differemment. Le premier semble avoir écrit un conte fait à plaisir, & l'autre avoir deguisé une histoire sous des noms empruntés d'animaux.

Ces particularités capables d'interesser la curiosité, ont engagé à donner au Public la presente Traduction, quelque douteux que parût le succès d'une entreprise qui auroit dû être faite depuis long-tems, s'il y avoit eu esperance d'y réussir ; car il s'agit d'une production qui sous le Sceau Etranger est marquée au Coin de l'Antiquité. Peut-être que quelques endroits paroîtront plutôt des échappées d'imagination que des traits de vrai-semblance : mais

(*a*) Allemagne.
(*b*) Mot latin qui signifie *Renard.*

AVIS AU LECTEUR.

les perſonnes qui ne s'attachent qu'au ſolide, vou-
dront bien conſiderer qu'il y a quantité d'objets dont
tout le merite conſiſte dans la ſuperficie.

    * *Quando autem ſæculo nono & decimi initio aſtu &
callidis conſiliis in Auſtraſiæ regno inclareſceret Reginardus ſive Reinardus Comes, & Regem ſuum Zuentibaldū,
cujus Conſiliarius, ſed tandem ab ipſo relegatus fuit, va-
riis artibus in arce ſuâ firmiſſimâ* Durfos *tutus latens
deluſiſſet, modo franco-Gallos, modo Germaniæ Regem
adverſus ipſum concitando, hinc pro more iſtius ævi à
populis vicinis calliditas ipſius carminibus vulgaribus
celebrata, & hominum memoriæ commendata, ipſeque,
ni me omnia fallunt, Reginardus* Vulpecula *vocatus
fuiſſe videtur. Atque inde hiſtoriola tandem de* Vul-
peculâ Reinecken *quæ adhuc vulgo æſtimatur & legi-
tur, prodiit.*

PREFACE TRADUITE.

Quoique ce Livre ait un titre burlesque, on ne doit pas croire qu'il soit à mepriser. Si on le lit attentivement, on s'appercevra que tout y est écrit à dessein. On verra d'un côté sous les ordres d'un Souverain qui y paroît avec sa Cour & avec son Peuple, que les entreprises échoüent souvent par la faute de ceux qui en ont la conduite : ce qui ne manque pas d'arriver, quand ils sont sujets à quelque vice qui donne prise sur eux. D'un autre côté l'on verra qu'il est d'un grand secours dans le commerce du monde de savoir se conformer au caractere des personnes avec qui on a affaire, puisque par ce moyen on est presque toûjours seur de les amener à son but. On remarquera jusqu'à quel point les menteurs en imposent, & combien il faut être en garde contre eux, la finesse de l'esprit fournissant des raisons aux plus coupables pour se disculper : car de même que les couleurs exposées en certains degrés de lumiere trompent la vûe, de même les raisonnemens fardés & specieux peuvent surprendre le jugement ; d'où il resulte que le bon droit est quelque fois en danger, s'il n'est soigneusement défendu contre les surprises. Mais il suffit d'être prevenu par quelques remarques. Celles qui restent à faire independamment des Reflexions qui accompagnent les chapitres, n'echapperont pas à la penetration.

Les Animaux differens sont les Symboles des differentes conditions des hommes. Le Lion & les Animaux qui ont la force en partage representent la Noblesse, c'est-à-dire, les Rois, les Princes, les Ducs

PREFACE TRADUITE.

*& semblables : Le Peuple est representé par le Coq,
le Blereau, le Singe, le Chien, le Chat & autres.
Enfin, chaque Animal ayant sa qualité propre, a aussi
son rapport & son application particuliere.*

*Comme le meilleur moyen d'attirer l'attention de la
Jeunesse que nous avons principalement en vûe, est de
la recréer, nous nous proposons de l'instruire en la di-
vertissant.*

NOMS ET SURNOMS

Des Animaux qui paroiſſent le plus ſur la Scene, par ordre Alphabetique.

Le Roi.	Le Lion.
La Reine.	La Lionne.
Agile.	La Guenon.
Beſlin.	Le Belier.
Coppette.	La Poule.
Courtois.	Le Chien.
Croaſſon.	Le Corbeau.
Dominant.	Le Blereau.
Glouton.	Le Loup.
Gozille.	Le Coq.
Grosbrun.	L'Ours.
Hermine.	Femelle du Renard.
Minaudier.	Le Singe.
Mouſtache.	Le Chat.
Muſillard.	Le Lapin.
Parfumé.	Le Bouc.
Pommelé.	Le Leopard.
Rouget.	Le Lievre.
Trigaudin.	Le Renard.

CHAPITRE I.

Les Animaux se rendent à la Cour du Lion leur Roi. Trigaudin *ou le Renard ainsi nommé, ne s'y trouve pas : il est accusé par le Loup.*

DAns le tems que les Bêtes parloient, les Philosophes n'étoient point assez temeraires, pour les traiter de pures machines. Loin de leur disputer le sentiment, ils ne leur refusoient pas même la raison. Dans ce tems-là le Lion Roi des Animaux resolut d'assembler ses Sujets à sa Cour, afin de connoître par lui même l'état de son Royaume, & de remedier aux abus qui pouvoient s'y être glissés.

A

Pour faciliter l'Assemblée & pour la rendre plus brillante, il choisit la belle saison, le mois de Mai, mois où les arbres sont couverts d'une verdure naissante ; où l'air retentit du chant melodieux des oiseaux, & où la campagne est ornée de fleurs & enrichie d'un tendre pâturage. Tout le Peuple Animal fut convoqué, Grands & Petits. Ils se rendirent tous à la Cour. Il n'y eut que Trigaudin *le Renard* qui ne parut pas, se sentant coupable. Il avoit joué de mauvais tours à plusieurs autres animaux. Aussi dès qu'ils furent arrivés, ils ne manquèrent pas de porter leurs plaintes contre lui. Il n'auroit eu que des accusateurs, si le Blereau qui étoit son Neveu & son ami, n'eut entrepris de le défendre.

GLOUTON, ainsi s'appelloit le Loup, avança avec toute sa Famille devant le Roi, & lui dit : Seigneur Roi, Rendez justice à un malheureux Père, qui implore votre Puissance. Vangez moi de Trigaudin, & punissez le de sa noire malice. Entré depuis peu chez moi pendant mon absence, il a trouvé mes Enfans qui jouoient ensemble. Que vois-je, s'est-il ecrié ? les petits malpropres ! comme les voilà faits ! ils ont de la crotte pardessus les oreilles. Que vous serez étrillés, si votre Père revient, & qu'il vous trouve en cet état ! Venez vîte, que je vous essuye. Feignant là-dessus de vouloir leur rendre ce bon office, il les a tellement égratignés, qu'il

leur a crevé les yeux. Envain l'ai-je pourfuivi, pour tirer raifon de fon procedé. Il a
échappé à toutes mes pourfuites. Si je voulois
raconter les differens fujets de plainte qu'il
m'a donnés , j'entrerois dans un detail , qui
ne finiroit point.

Un Chien nommé Courtois qui étoit là ,
fe fervit de l'occafion & chargea auffi le Renard. Puiffant Roi, dit-il , Je me trouvai l'hiver dernier reduit au point de n'avoir plus
pour toute provifion qu'une Andouille. Trigaudin l'ayant apperçuë me l'arracha; fi bien
qu'enfuite il me falut cruellement fouffrir la
faim.

Moustache , c'étoit le nom du Chat ,
éleva fa voix , & dit avec colere : Seigneur
Roi, On vous cache une circonftance. Trigaudin n'eft pas le feul coupable. Ce que
Courtois raporte, s'eft paffé à mon préjudice.
Quoique je n'en aye jamais rien temoigné ,
l'Andouille étoit à moi : Je l'avois attrapée
dans un moulin, pendant que le Meunier étoit
endormi. Courtois fe jetta deffus , & s'en faifit. S'il la reclame , elle ne m'apartenoit pas
moins. Ainfi j'ai plus lieu de me plaindre que
lui.

Glouton revenant à la charge ajouta :
On ne fauroit difconvenir que Trigaudin ne
foit un maître Fripon & un infigne Scelerat.
Il verroit depouiller notre Roi même de fes

Etats, qu'il s'en embarafferoit peu, s'il lui en revenoit feulement une cuiffe de chapon. Le brigandage qu'il exerce journellement demande une punition exemplaire ; fans quoi Perfonne ne fera plus en feureté.

REFLEXION.

Qui s'accoutume à malfaire s'attire de nouveaux ennemis chaque jour, & court à fa perte.

CHAPITRE II.

Dominant le Blereau *prend la défenſe de* Trigaudin *le Renard.*

DOMINANT *le Blereau* Neveu de Trigaudin ſupportoit avec peine ces accuſations. Il prit la parole, & dit : Cela vous ſied fort mal, Seigneur Glouton : De quoi venez vous accuſer mon Oncle ? Je voudrois qu'il plût au Roi d'ordonner que celui des deux, qui a le plus offenſé l'autre, fut pendu au premier arbre. Si chacun avoit l'Oreille du Roi, comme vous l'avez, vos affaires n'iroient pas trop bien. Ne vous ſouvient-il pas d'avoir mordu pluſieurs fois mon Oncle juſqu'au ſang ? Que n'avez vous point

fait d'ailleurs à fon prejudice ? Parlerai-je de
cette Oie, que vous devorates fans lui en
rien laiffer, il n'y a pas encore longtemps ?
Vous lui aviez bien dit d'attendre, & qu'il
en auroit fa part : mais ce fut tout ce qu'il
put tirer de vous que la promeffe ; cependant
il avoit lui feul attrapé l'Oie avec grand rifque : car le Païfan à qui elle appartenoit, le
furprit en flagrant delit, & manqua à le tuer.

Et toi, Maître Courtois, a t'entendre parler, tu n'avois plus qu'une Andouille dans l'hiver, dans une faifon où l'on a bien de la
peine à vivre. Il te fied bien de venir reveiller le Chat qui dort ! Pour peu que tu
euffes d'honneur, tu aurois gardé le filence,
puifque tu avois volé l'effet que tu reclames.
C'eft le Proverbe : *Ce qui vient de la Flute
retourne au Tambourin.* Peut-on blâmer quelqu'un d'intercepter un larcin ? Il eft permis
d'arrefter par tout un effet que l'on reconnoit
avoir été volé ! Qui pour ta peine t'auroit
affommé fous le bâton, n'auroit fait tort qu'à
la Juftice, qu'il auroit fruftrée de fa proie.

Mon Oncle doit peu s'inquieter de pareil-
les accufations. D'ailleurs on fait que depuis
un tems il eft devenu d'une grande pro-
bité. Il n'a plus tendu de pieges à perfonne :
Il a même refolu d'abandonner fon Château
de Malperdu. * En un mot il veut mener
deformais une vie irreprochable.

* Refuge du Renard.

REFLEXION.

AVant que de juger, il faut entendre les deux Parties : souvent celle qui a le plus de tort, est la premiere à se plaindre.

CHAPITRE III.

Trigaudin le Renard *est accusé par Gozille* le Coq.

PEndant que Dominant *le Blereau* plai-
doit ainsi pour Trigaudin, on vit approcher Gozille *le Coq* & toute sa Parenté.
Ils escortoient une Civiere, sur laquelle étoit
une poule morte appelée Coppette , à qui
l'Accusé avoit emporté la tête. Ils venoient
faire leurs plaintes & demander justice d'un
crime si énorme. Gozille par intervalles bat-
toit des ailes d'un air touchant & lamentable.
Il avoit à ses côtés deux coqs, l'un appellé
Clairet & l'autre Criard , qui tous deux
étoient Freres de la pauvre Coppette exposée

fur la Civiere. Ils paroiſſoient tous accablés de triſteſſe. La Civiere étoit portée par deux poules, qui jettoient de grands cris ſur la mort de leur Sœur. La troupe plaintive arrivée, Gozille tint ce diſcours : Clement Roi, regardez avec votre bonté ordinaire le triſte état, où Trigaudin *le Renard* m'a reduit. Au mois d'Avril dernier, aux approches de la belle ſaiſon, je me voyois une Famille nombreuſe. J'avois ſept Garçons & huit Filles, qui tous les jours alloient ſe promener dans une grande cour bien ſituée & bien forte. Elle étoit enceinte & defendue d'un bon mur ; il y avoit pluſieurs gros chiens, qui la gardoient; enforte que mes Enfans n'avoient rien à craindre. Trigaudin qui les marchandoit, rodoit ſouvent autour du mur, épiant l'occaſion d'entrer: mais les chiens l'empêchoient d'executer ſes mauvaiſes intentions; ils l'aſſaillirent même une fois très vivement. Peu s'en fallut qu'ils ne lui ôtaſſent à jamais l'envie de brigander davantage ; car ils lui emporterent une partie de la peau. Cependant il échappa encore pour notre malheur, & pour celui des autres animaux. Nous fûmes delivrés de ſes perſecutions pendant un tems ; après quoi il vint me trouver avec une Declaration, qui portoit que Votre Majeſté pour faire ceſſer toutes violences & Hoſtilités dans ſon Royaume accordoit un pardon & enjoignoit un oubli general de tout le paffé, voulant qu'il y eût à l'avenir une Paix univerfelle & inviolable entre tous fes Sujets, & que les uns procuraffent l'utilité, le bien & l'avantage des autres. Pour moi, Seigneur Gozille, me dit-il d'un ton pacifique, je fuis rentré en moi même : ma conduite eft bien reformée. Je ferois faché de caufer le moindre chagrin à perfonne. Ne craignez plus rien de ma part. D'ailleurs je m'en vais faire un grand voyage & voir le Païs. J'irai où il plaira à la fortune de me conduire. Ainfi je prens congé de vous ; menagez bien votre fanté, & ne chantez pas trop matin, de peur de vous enrhumer.

Il partit en apparence ; mais il ne difparut que pour venir fe cacher derriere une haye. Je me rejouiffois moi & mes Enfans de fon abfence pretendue. Je les menois promener au delà du mur. Quelle fut ma frayeur ! Je ne penfois à rien moins, lorfque tout d'un coup il fe lance fur le plus fort de la bande : il le faifit, l'emporte & le devore en un moment. Cette fatale journée eut encore de plus facheufes fuites. Dès que le fcelerat eut goûté d'un, il n'y eut plus ni Chaffeurs ni chiens, qui puffent l'éloigner. Jour & nuit nous étions expofés à fes furprifes. Enfin de quinze jeunes Rejettons qui compofoient ma Famille, il ne m'en refte plus que quatre. Heureux, fi je puis les fouftraire à fes pieges ! Hier encore les chiens lui arracherent ma Fille

Coppette, que nous apportons étendue fur
cette Civiere. Ce font là, Seigneur Roi, les
motifs qui m'obligent d'avoir recours à Votre Majefté. Elle voit les pertes irreparables
que j'ai faites : je viens la fupplier de me
venger. Le plus cruel fupplice n'eft pas affez
grand pour tant de crimes.

REFLEXION.

NE nous fions jamais à un ennemi, fous
quelque pretexte qu'il vienne à nous.

CHAPITRE IV.

Le Roi tient Conseil sur les mesures qu'il doit prendre contre Trigaudin le Renard.

CEs nouvelles plaintes n'accommodoient pas les affaires de Trigaudin. Hé bien ! dit le Roi , parlant au Blereau , vous voyez , Maître Dominant , comme votre Oncle s'est corrigé. Je jure par ma Couronne qu'il me le payera , ou que je mourrai à la peine. Toi , mon pauvre Gozille , essuye tes larmes ; elles ne te rendront pas ta Fille. Nous allons l'enterrer honorablement ; & nous verrons ensuite comment nous nous y prendrons pour venger sa mort. Aussi-tôt le Roi donna ordre que l'on portât Coppette en terre ; il fuivit le Convoi. Le Cortége étoit nombreux ; il étoit compofé de toute la Gent Animale.

La Ceremonie achevée , le Roi affembla fon Confeil. On y delibera de quelle maniere on procederoit contre le traitre Trigaudin. Il fut refolu qu'on l'enverroit fommer de comparoître à la Cour. On expedia un Decret d'Adjournement perfonnel. Le Roi addreffant enfuite la parole à Grosbrun *l'Ours* : Maître Grosbrun, lui dit-il , je vous charge de la Commiffion : mais prenez garde de vous laiffer furprendre. Vous avez affaire à un fin matois ; il fait des tours , dont on ne fe garantit pas aifement : Vous pourriez bien tomber dans fes piéges. A la bonne heure, Seigneur Roi , repondit Grosbrun. S'il m'attrappe, ce fera pour mon compte : je le menerai de la bonne maniere. Il fera obligé d'avouer que Grosbrun n'eft pas fi lourdaut qu'on le penfe. Là deffus l'Animal piqué d'honneur partit fierement & avec bonne opinion de lui-même.

REFLEXION.

QUelques plaintes qu'un Prince reçoive contre un de fes Sujets , il ne doit pas le condamner avec precipitation : mais il doit, autant qu'il le peut, entendre les raifons & les défenfes de l'Accufé.

CHAPITRE V.

*Grosbrun l'Ours va porter un Adjournement
personnel à Trigaudin, qui lui fait accueil
& le reçoit avec apparence d'amitié.*

GRosbrun avançoit gaillardement vers le
Domicile de Trigaudin. Il sentoit seulement quelque déplaisir de ce qu'on lui avoit
dit qu'il se laisseroit attraper. Après avoir
bien cheminé, il aprocha d'un bois épais, où
Trigaudin avoit coutume d'aller chasser. Près
de là étoit une Montagne, qu'il falloit monter pour arriver au Château de Malperdu. Le
rusé Animal avoit plusieurs Residences : mais
ce Château étoit son meilleur Fort. C'étoit-là

qu'il se retiroit, quand il avoit de mauvaises affaires.

Grosbrun arrivé devant la porte du Château, cria le plus haut qu'il put : Trigaudin, es tu là ? Je suis Grosbrun : C'est le Roi qui m'envoye ; il t'ordonne de venir à la Cour sans tarder : Sinon, il a juré qu'il te feroit pendre. Ainsi, mon ami, j'ai un bon avis à te donner : ne differe pas ; viens avec moi. Trigaudin étoit couché au Soleil à quelque distance de la porte au dedans du Château. Dès qu'il eut entendu dire à Grosbrun qu'il venoit de la part du Roi, il fut effrayé ; il se retira dans un reduit secret ; car il avoit dans ce Château bien des coins & des recoins, les uns larges, les autres étroits ; ceuxci pratiqués en ligne droite, ceux-là en ligne courbe ; ensorte qu'il n'étoit pas aisé à trouver, quand il avoit fait quelque vol, ou quelque action criminelle. Dans sa perplexité il donnoit la torture à son imagination, cherchant comment il se déferoit de Grosbrun, qui avoit la hardiesse de venir ainsi le menacer. A la fin il jugea à propos d'aller le recevoir : Mon Oncle, lui dit-il, soyez le Bienvenu. Celui, mon cher Oncle, qui vous a fait monter à cette penible Montagne, ne vous a pas rendu un grand service. Vous êtes extremement fatigué : la sueur vous court par tout sur le dos. On pouvoit vous epargner tant de peine. Aussi bien devois-je aller demain à la Cour. Mais puisque vous êtes ici, je profiterai de l'avantage de vous avoir. Vos sages conseils ne me feront pas inutiles, quoique je n'aye rien à craindre. Hé ! n'y avoit il pas de moindre Messager que vous ? Après le Roi vous êtes le plus noble & le plus Illustre Personnage du Royaume. De quelle Corvée vous charge-ton ? Cela me paroît étrange. Si j'étois en état, je partirois tout à l'heure avec vous : mais j'apprehende de ne pouvoir pas bien marcher , parce que j'ai mangé extraordinairement. Grosbrun lui coupant la parole : Qu'as tu mangé , je te prie, pour être si rassasié ? Helas ! mon cher Oncle, repondit Trigaudin , les pauvres gens vivent, comme ils peuvent. Jugez en par moi : je suis obligé de manger de ce que je n'aime guere, faute d'avoir autre chose : je me suis bourré le ventre de miel. Comment donc, repartit Grosbrun d'un ton caressant ? Que dites vous-là , mon Neveu ? Estimez-vous si peu le * miel ? C'est une excellente nourriture,

----

* Les Ours aiment extremement le miel. En voici un témoignage tiré de Davity. Il y a, dit cet Auteur, quantité de Mouches à miel en Moscovie. Elles se tiennent non seulement dans les Ruches qu'on leur a dressées ; mais encore elles remplissent de miel le creux de quelques arbres dans les forêts. Un Païsan s'étoit laissé couler du haut d'un grand Arbre creux, pour chercher du miel. Etant en bas, il se trouva dans le miel jusqu'à la poitrine, & demeu-

re ; on en fait cas par tout. Moi qui vous parle, je m'en accommoderois bien : mon cher Neveu , faites m'en avoir quelques rayons , s'il vous est possible ; & je serai toute ma vie votre fidelle ami.

REFLEXION.

LE vrai moyen de réussir dans ses entreprises , c'est de prendre les gens par leur foible. Les Orgueilleux se laissent seduire par les louanges, les Avares par l'argent & les Gourmands par la bonne chere.

C CHA.

demeura deux jours en cet état. Une Ourse vint pour manger de ce miel : comme elle descendit en arriere, il la saisit avec ses bras, dès qu'elle fut à sa portée ; & il l'effraya à grands cris, si bien qu'elle remonta avec précipitation ; & lui qui la tenoit fortement , se retira du peril par ce moyen. *Nouveau Theatre du monde contenant les Etats & Empires &c. par Davity. fol. Paris 1655. p. 793.*

CHAPITRE VI.

Grosbrun l'Ours *tachant d'atteindre du miel*
se prend dans la fente d'un Chêne,
où il est bien battu.

MOn Oncle, dit Trigaudin, je crois que vous vous moquez de moi. Non vraiment, repartit Grosbrun, je n'en ai nulle envie : je parle serieusement. Quoi ! ajouta Trigaudin, c'est tout de bon ! vous aimez le miel. Si cela est, vous aurez de quoi vous contenter. Fussiez vous trente, vous ne mangeriez pas tout. Que dites vous, repliqua Grosbrun ? vous ne me connoissez pas, mon cher Neveu. Quand j'aurois tout le miel qui pourroit se trouver depuis Anvers jusqu'a Lisbonne, j'en viendrois à bout moi seul. J'en doute, reprit Trigaudin; & quand je l'aurai vu, je le croirai : venez avec moi. A une lieue d'ici, demeure un appellé *Santerre*, il a tant de miel chez lui que vous en aurez assez pour six semaines, quelque appetit que vous ayez. Je vous mettrai à même : mais au moins, mon cher Oncle, c'est à condition que vous me servirez à la Cour contre mes ennemis. Grosbrun lui promit que s'il le rassasioit une fois de miel, il n'auroit que faire de s'embarasser, & qu'il le défendroit contre tous ceux qui voudroient lui nuire. L'autre faisant le bon Valet appuya & dit : Non seulement du miel ; mais demandez toute autre chose, & vous serez satisfait.

Grosbrun étoit charmé de ces promesses: il ne se sentoit pas d'aise. Allons, mon Oncle, continua Trigaudin ; vous en aurez plus que votre suffisance dans l'endroit, où je vais vous mener. Quoique j'aye de la peine à marcher, je me ferai violence à cause de l'amitié particuliere que j'ai pour vous. Quand je vous aurai montré le magazin de miel, je me reposerai. Vous êtes de tous mes Parens celui que j'ai le plus à cœur de servir. Grosbrun le remercia fort, & le pressa de finir les complimens. ça, dit Trigaudin, vous allez bien-tôt avoir autant de miel que vous en pourrez porter ; il vouloit parler de coups de bâton : mais le gros Lourdaut ne l'entendoit pas ainſi ; il ſuivoit ſon guide, comme un aveugle qui ſe laiſſe conduire dans un precipice. Enfin ils arriverent au magazin pretendu.

Santerre étoit Charpentier. Il avoit commencé à fendre dans ſa baſſe-cour le tronc d'un Chêne ; & il devoit l'achever le lendemain. La fente étoit deja aſſez grande. Trigaudin voyant que Grosbrun y paſſeroit bien la tête, en fut fort aiſe : c'étoit ce qu'il avoit ſouhaité. Il dit d'un air content à Grosbrun : Voyez-vous preſentement, mon Oncle ? voici deja un tronc d'arbre, dont le fond eſt tout rempli de miel. Vous pouvez aiſement y avancer la tête : mais prenez garde de trop manger, de crainte de vous rendre malade : je ſerois bien faché qu'il vous arrivât du mal. Mon Neveu, repondit Grosbrun, ne craignez rien : penſez-vous que j'aye ſi peu de diſcretion ? Je ſais qu'il faut avoir de la moderation en toutes choſes. Auſſitôt il mit les deux pattes de devant & la tête juſqu'au col dans la fente ; & ne ſentant pas encore le miel, il faiſoit de grands efforts pour y atteindre. Trigaudin l'encourageoit : Allons, mon Oncle, diſoit-il, pouſſez : vous y voilà bientôt. Grosbrun donna une forte ſecouſſe pour avancer. L'autre profita du moment & fit ſauter le coin qui ſoutenoit la fente. A l'inſtant elle ſe reſſerra : la tête de Grosbrun y reſta priſe :

il n'avoit ni l'induſtrie ni la force de s'en tirer. Quand Trigaudin le vit ſi bien pris, il ſe mit à plaiſanter : Hé bien ! dit-il, mon Oncle, comment trouvez vous le miel ? Eſt il bon ? n'en mangez point trop. Vous vous incommoderez ; & nous ne pourrons plus aller à la Cour. Contentez ſeulement votre appetit ; & après je vous menerai boire pour faire paſſer ce qui vous ſera reſté dans la gorge.

Grosbrun de ſon côté ſe demenoit fortement avec ſes pattes de derriere. Santerre entendant du bruit vint voir ce qui ſe paſſoit. Il n'eut pas plutôt apperçu l'Ours qu'il alla avertir tous ſes voiſins. L'un accourut avec un bâton, l'autre avec un fleau ; les femmes même ſe ſaiſirent à la hâte de leurs quenouilles. L'Animal reçut une ſi grande volée de coups, qu'il étoit prêt à ſuccomber. Cependant par un effort vehement il ſe debaraſſa la tête. A la verité ce ne fut pas ſans en laiſſer la peau avec ſes deux oreilles. Il n'etoit guere poſſible de voir Bête en plus pitoyable état. Ses deux pattes de devant reſtoient encore enfermées. Pendant qu'il ſe tourmentoit pour les degager, les Païſans le chargeoient à qui mieux-mieux. Sur ces entrefaites un frere de Santerre arriva, tenant une maſſue. C'en étoit fait du pauvre Groſbrun, s'il eût attendu l'aſſaut : mais ſenſible au nouveau danger, il ranima toutes ſes forces ; Et avec une ſecouſſe de deſeſperé il arracha ſes pattes de la preſſe. Sautant auſſitôt vers la porte, il alla gagner dans le voiſinage le bord d'une Riviere rapide & profonde. Sur ce bord qui étoit élevé, il rencontra une troupe de femmes que le bruit de ſon malheur avoit aſſemblées; & il en culbuta trois dans l'eau. On ne penſa plus à le pourſuivre : chacun courut au ſecours des femmes qui ſe noyoient.

Grosbrun tiré de peril, mais clochant tout bas & ne pouvant ſe ſoutenir ſur ſes pattes qui étoient dépouillées, ſe lança dans la Riviere : & il ſe mit à nager du mieux qu'il put. Tout maltraité qu'il étoit, il ſe trouvoit encore heureux d'être échappé : il maudiſſoit le magazin de miel, & le Neveu ſcelerat qui l'y avoit mené. Après avoir nagé quelque tems, il ſe ſentit ſi fatigué, qu'il fut obligé d'aborder à terre. Il s'y accroupit, plaignant & deplorant ſa triſte avanture où il ne pouvoit attendre d'autre aſſiſtance que celle qu'il ſe procureroit lui-même.

Pour ce qui eſt de Trigaudin, il avoit attrapé une poule chez Santerre, & il avoit gagné Païs avec ſa proie. Il ſe rejoüiſſoit de l'eſperance que l'Ours n'échapperoit pas; il diſoit en lui-même : Me voilà defait du plus grand ennemi que j'euſſe à la Cour : & ce qu'il y a de meilleur pour moi, c'eſt qu'on ne m'accuſera pas de ſa mort; car Perſonne ne m'a vu qui puiſſe me denoncer au Roi.

Comme il s'occupoit de ces Reflexions, il jetta la vue du côté de la Riviere, & il apperçut Grosbrun qui fe repofoit. La triftefle & l'accablement fuccederent bien-tôt à la joie. O Santerre, s'écria-t'il, tranfporté de depit, gros Hebeté que tu es ! La fiévre quartaine te ferre d'avoir laiffé echapper un fi bon morceau, pendant qu'il ne tenoit qu'à toi de t'en faifir : tu ne merites pas de manger d'un * mets fi excellent. Dans fa confternation il avança vers Grosbrun : malgré le piteux état, où il le vit, il eut encore l'effronterie de le railler. Qu'avez-vous donc, lui dit-il, mon Gros Brunet ? Avez vous oublié quelque chofe chez Santerre ? Lui avez vous payé fon miel ? Vous en avez, je crois, mangé tant & plus : fi vous ne l'avez pas payé, j'irai volontiers de vôtre part lui en porter la valeur : mais parlez moi fincerement ; vous a-t'il femblé bon ? j'en fais encore d'autre au même prix. Hé ! mon cher Oncle, qu'eft-ce que je vois ? Qui vous a accommodé de la forte ? Qui vous a decouvert la tête & les pattes ? Où font vos oreilles ? Ah ! je me doute ; vous avez apparemment trop chaud : c'eft pour cela que vous avez ôté vôtre bonnet & vos gands.

A toutes ces railleries, Grosbrun ne fe fentoit pas de colere : mais il n'étoit pas en état

de

---

* Pline & Plutarque difent que la chair de l'Ours eft un manger excellent.

de tirer vengeance ; il souffroit ce qu'il ne pouvoit empêcher. Pour ne pas s'entendre turlupiner davantage , il se jetta à la Riviere & passa de l'autre côté de l'eau. Il etoit fort embarassé de savoir comment il retourneroit à la Cour. La douleur qu'il sentoit aux pattes ne lui permettoit pas de marcher : cependant quelque penible que fût le voyage, il l'entreprit : au defaut d'autres moyens , il se traina & se roula, jusqu'à ce qu'il fût arrivé.

REFLEXION.

IL faut éviter les Mechans. Leur conseil & leur compagnie attirent toûjours des malheurs.

CHAPITRE VII.

Sur les plaintes de Grosbrun l'Ours *, le Roi de-*
pêche Mouſtache le Chat *, qui tombe auſſi dans*
les pieges de Trigaudin.

GRosbrun dans le mauvais équipage que
nous venons d'expoſer, arriva devant
le Roi & lui dit : Puiſſant Roi, je n'ai
pas beſoin de rendre compte du ſuccès de
ma Commiſſion. L'état où je ſuis le temoigne
aſſez. Votre Majeſté voit de quelle maniere
j'ai eté traité, pour vouloir la ſervir & executer ſes ordres. Son Authorité n'eſt point reſ-
pectée par Trigaudin. Les conſeils trompeurs
de ce deteſtable Animal m'ont abuſé. Rendez
votre Puiſſance redoutable par une punition
exemplaire. **D**

Le Roi repondit : Comment le traître a
t'il ofé commettre une telle action ? Mon ami
Grosbrun, je le punirai fi feverement que tu
m'en remercieras. Confole toi, fi fa punition
peut te foulager. Tu feras vengé ; je le jure
par ma Couronne.

Auffi-tôt le Roi affembla les Sages de fes
Etats, pour les confulter fur la conduite que
l'on tiendroit dans cette occurrence. Ils opi-
nerent à fommer une feconde fois Trigaudin
de comparoître, & à envoyer vers lui Mouftache *le Chat*, parceque c'étoit un prudent &
un adroit Negociateur.

Le Roi approuvant cet avis fit venir Mouftache, & feant fur fon Trône, il lui dit : Maître Mouftache, vous irez trouver Trigaudin ;
vous lui ordonnerez de ma part qu'il vienne
à la Cour. L'inimitié qu'il a pour les autres
animaux, ne doit point vous alarmer : Il aura de la déference pour vous. Dites lui que
s'il ne vient pas de bon gré, on faura bien
l'avoir de force, & qu'on lui fera fubir un
fupplice qui deshonorera fa Famille à jamais.
Clement Roi, repondit Mouftache, ceux qui
vous ont confeillé de jetter les yeux fur moi
en cette occafion, ne font pas de mes amis.
Si Grosbrun qui eft grand & robufte s'eft
fi mal tiré d'affaires, comment pourrai-je m'en
tirer, moi qui fuis petit, & qui n'ai pas fans
comparaifon la même force ? J'aurai beau dire
à Trigaudin de venir ; il n'en fera ni plus ni

moins. Ainſi trouvez bon , je vous prie ,
d'envoyer quelque autre que moi.

Non Maître Mouſtache , repartit le Roi ;
vous êtes ſage & aviſé : cela eſt ſuffiſant.
L'eſprit eſt plus neceſſaire ici que le corps.
Seigneur Roi , repliqua Mouſtache , eſt ce
votre volonté abſolument ? je m'y ſoumets.
Quelque riſque qu'il y ait , je veux bien le
courir pour vous plaire.

Il partit ſur le Champ & prit la route de
Malperdu. A ſon arrivée, il trouva Trigaudin
accroupi devant la porte du Château. Seigneur Trigaudin , lui dit-il en l'abordant , je
vous ſouhaite une vie longue & heureuſe.
Le Roi m'a depêché vers vous : Il vous ordonne de venir lui parler préſentement ; &
il vous menace de mort , ſi vous n'obéiſſez.
O mon cher Neveu , repondit Trigaudin ,
Que j'ai de joie de vous voir! Vous reſterez
cette nuit avec moi : Nous la paſſerons à nous
regaler ; & demain nous irons enſemble à la
Cour. Grosbrun eſt deja venu ici : mais il
m'a parlé avec tant de hauteur & de dureté
que je n'aurois pas été avec lui pour tout l'or
du Monde. A préſent que je vous vois , vous
en qui j'ai plus de confiance qu'en Perſonne ,
je vous ſuivrai pat tout où vous voudrez. Il
vaut mieux , repliqua Mouſtache , que nous
marchions pendant la nuit ; il fera un grand
clair de Lune : Nous profiterons du beau

tems. Mon cher Neveu, reprit Trigaudin, il y a trop de danger à marcher de nuit : attendons à demain. Mais, dites moi, demanda Moustache, que mangerons nous à souper ? Vous savez, repartit Trigaudin, que tout est bien cher aujourd'hui ; on n'a plus rien qu'a force d'argent. Si vous vouliez vous contenter de quelques Rayons de Miel … Bon, dit Moustache, vous m'offrez là un plaisant régale ! J'aimerois bien mieux une Souris grasse, une Souris qui fut un peu dodue, que tout le miel du Monde. Trigaudin faisant l'étonné : Une Souris, mon Neveu ! est-ce là votre appetit ! Je sais près d'ici une grange, où il y a une si grande quantité de Souris, que vous & tous les vôtres trouveroient de quoi s'y rassasier. J'ai souvent entendu les gens de la Ferme se plaindre du degât qu'elles y faisoient. Hé ! mon Oncle, reprit Moustache, menez m'y ; & assurez vous que je vous rendrai tous les services, dont je serai capable. Vous m'aurez pour defenseur à quelque extremité que vous soyez reduit ; fussiez vous abandonné de tous vos autres Parens. C'est, ajouta Trigaudin, porter loin la reconnoîssance : venez donc avec moi : vous serez bientôt content.

Ils s'acheminerent à l'instant vers la grange : le mur en étoit construit avec de la terre : Trigaudin y avoit fait un trou la surveille, & il avoit emporté un coq. Le Fermier qui s'en

étoit

étoit apperçu, avoit tendu un Collet * au paſ-
ſage, afin de prendre le Larron quand il re-
viendroit. L'Animal ruſé avoit remarqué le
piege le jour precedent ; Il dit à Mouſtache :
Maintenant, mon Neveu, voulez vous prendre des Souris ? vous n'avez qu'à vous gliſ-
ſer par ce trou. Quand vous aurez appaiſé
votre faim, revenez ici ; je vous y attendrai :
ſongez toujours qu'il faut que nous partions
demain de bon matin. Vous avez raiſon, repondit Mouſtache : d'ailleurs comme je ne ſuis
point connu dans le logis, il eſt à propos de
ne pas attendre le grand jour. Il n'y a rien à
craindre pour vous, dit Trigaudin ; vous
êtes un bon Domeſtique.

A ces mots Mouſtache ſe lança dans le trou,
& il ſe trouva auſſitôt arreſté. Dès qu'il ſe vit
pris, il commença à ſe tremouſſer de la belle
maniere ; & ſes efforts devenant inutiles, il
entra en furie. Trigaudin qui ſe tenoit en dehors auprès du trou, êtoit ravi de voir l'embaras du Meſſager. Hé bien ! dit il, Seigneur
Mouſtache, les Souris vous ſemblent elles
bonnes ? Ne ſont elles point trop ſeches ? Ne
voudriez vous pas un peu de ſauce ? le Fermier eſt un homme civil & obligeant. Il ne
vous en refuſera point par raport à moi. Je
n'ai

* Un Collet eſt une corde que l'on tend avec un nœud
coulant, pour attraper quelque bête, comme renard,
lievre, lapin, &c.

n'ai qu'à l'avertir que vous êtes là. Vous rem-
pliffez fi bien ma place qu'il vous traitera,
comme il m'auroit traité. Ah! que Glouton
n'eft il avec vous ! mes Vœux feroient com-
blés. Je ne fuis pas quitte avec lui, & je n'aime point à devoir.

Mouftache ne ceffoit de fe donner la torture
pour fe débaraffer. La Fermiere avoit été paffer la foirée dans fon voifinage. En rentrant,
elle entendit du bruit vers le Collet : elle courut à fon Mari qui venoit de fe coucher, mais
qui ne dormoit pas encore : Allons, lui dit
elle, notre Homme; nous tenons le Mangeur
de coqs. Senfible à la perte recente de fon
coq , il fe jette promptement à bas du lit :
il prend une longue corde , groffe d'un doit,
qu'il plie en cinq ou fix. La Fermiere s'arme
d'un Nerf de Bœuf. A la faveur du clair de
Lune, ils vont fans chandelle dans la grange.
Ils approchent de l'Animal, qui fentant qu'on
vient à lui, fe tourmente de plus belle. La
Femme, animée comme elle etoit, ne tarda
guère à lui faire fauter un Oeil hors de la tête. Les coups qu'elle donnoit à tort & à travers, tombant en partie fur le Collet , le caf-
fèrent. Mouftache delivré & furieux faute au
vifage du Fermier ; & le déchiquetant en pofte
avec fes griffes, il lui fait bientôt un mafque
de fang. Pour l'achever de peindre, il lui emporte le nez d'un coup de dents. L'Homme
tombe évanoui à la renverfe. Ciel, s'ecrie la

Fermiere ! en quel etat vois-je là mon pauvre Homme ? C'eſt le diable, je crois, qui t'a conſeillé de tendre le piege ! je voudrois que tu n'y euſſes jamais penſé, & qu'il m'en eût coûté toutes mes poules. Tu as cru attraper le Renard ; & c'eſt pour notre malheur un Chat qui eſt venu ſe prendre.

Trigaudin content du ſuccès de ſa trahiſon s'étoit retiré, lorſqu'il avoit vu qu'on venoit à la grange. Il avoit regagné ſon Château. Mouſtache de ſon côté, après avoir déchargé ſa furie, ſe ſauva au plus vîte. Il alla gemir à l'écart, & eſſuyer ſa bleſſure, le mieux qu'il put, en paſſant ſa patte pardeſſus. Quand il ſe fut un peu débarbouillé, il reprit le chemin de la Cour.

REFLEXION.

IL y a de l'imprudence à ſe laiſſer conduire dans des lieux que l'on ne connoit point, & où le guide ne veut pas entrer le premier.

CHAPITRE VIII.

Au retour de Mouſtache le Chat , *on envoye*
Dominant le Blereau , *à qui Trigaudin ra-*
conte pluſieurs de ſes tours ; entre autres , com-
ment il avoit attrapé Minaudier le Singe , *&*
de quelle maniere il avoit appris à Glouton
Le Loup *à ſonner les cloches.*

MOuſtache arriva de bon matin à la Cour.
Il etoit dans un pitoyable etat, ayant
tous les membres diſloqués , & un
Oeil hors de la tête. Le Roi fut extremement
courroucé de voir que l'on recevoit ainſi ſes
Deputés. Il prononça contre Trigaudin les
plus

plus vives menaces; & fur le champ il fit raffem-
bler le Confeil, dans une ferme refolution de
condamner fans autre forme de procès un
Scelerat averé par tant de crimes. Dominant
le Blereau qui n'avoit pas abandonné fa Partie,
avança & dit : Mes Seigneurs on ne doit pas
juger un Accufé qu'on ne l'ait cité trois fois
en juftice. S'il ne comparoît pas à la troifié-
me fommation, alors il eft cenfé convaincu
de toutes les malverfations, dont on le charge. Qui voulez vous donc, dit le Roi, que
j'envoye? Je ne crois pas que Perfonne foit
affez temeraire pour s'expofer encore. Qui
eft-ce qui voudra hazarder fes oreilles, fes
yeux, fa vie même? C'eft moi, repondit Dominant. Que l'on me donne cette Commiffion; & je m'en acquiterai bien. Très volontiers, repliqua le Roi : mais prenez garde
qu'il ne vous en arrive autant qu'aux autres.
Si je me laiffe attraper, reprit Dominant, je
permets que l'on me traite d'imbecille. Il partit à l'inftant pour Malperdu ; il y trouva Trigaudin avec Hermine fa Femme qui alaitoit
fes cinq Enfans. Après avoir falué fon Oncle
& fa Tante, il annonça en ces termes la raifon de fa venue : Vos affaires, mon cher Oncle, ne vont pas trop bien à la Cour. Il y a
de grandes plaintes contre vous. Voici la troi-
fiéme fommation que vous recevez. Plus vous
tarderez, plus vous vous rendrez coupable.

E

Si vous ne venez pas avec moi, vous pouvez
vous affurer que le Roi fera demain inveftir
votre Château : il vous exterminera vous &
les vôtres. Le meilleur confeil que j'aye à vous
donner, c'eft de me fuivre. J'ai pris votre
parti : je vous ai defendu autant qu'il m'a eté
poffible : mais je n'ai pas plutôt pallié un grief,
qu'il en furvient un autre. Vous avez de l'efprit:
peut-être confondrez vous vos ennemis ; ils
mettent fur votre compte bien des faits d'importance qui n'y devroient pas être.

Hé bien ! mon cher Neveu, dit Trigaudin,
vous jugez donc à propos, que j'aille avec
vous ; j'y confens. Si j'ai une fois Audience
du Roi, j'efpere qu'il me fera grace. Souvent
mes confeils ne lui ont pas eté inutiles. On
dit de moi à la Cour tout ce qu'on veut en
mon abfence ; on ne m'y épargne point. Je fais
qu'il y en a Plufieurs qui ne me veulent pas
trop de bien : mais quand j'y ferai, je verrai
ce que j'aurai à repondre. Au refte j'aime
mieux y aller à tout rifque, que de mettre
ma Femme & mes Enfans dans l'embaras.
Là-deffus il prit congé de fa Femme : Ma chere Hermine, lui dit-il, ne t'ennuye pas. Je
ne faurois me difpenfer d'aller voir de quoi
il s'agit : mais je tâcherai d'être bientôt de
retour. Prens bien foin de nos Enfans, fur
tout de Cadet ; car il me reffemble beaucoup,
& vraifemblablement il m'imitera en fageffe
& en conduite. Je te recommande encore

particulierement Finet ; C'eſt un petit fripon tout gentil : J'ai de la predilection pour ces deux là.

Hermine êtoit fort triſte de ce depart, penſant qu'elle ne feroit pas trop bonne chere , quand le Pourvoyeur ne feroit plus à la maiſon. Les deux Compagnons ſe mirent en marche. Après un eſpace de chemin, Trigaudin jetta un ſoupir & dit : Mon cher Neveu, tout le mal que j'ai fait ſe preſente à ma memoire. Je crains fort de n'être pas bon Marchand de ce voyage ci. Il n'y a pas, je crois, à la Cour un animal que je n'aye offenſé ; principalement mon Oncle Grosbrun, je l'ai vilainement trahi. Il lui en a couté quelques lambeaux de ſa peau, ſans compter ſes deux oreilles. Mouſtache *le Chat* au lieu de prendre des Souris, a été bien battu & s'en eſt retourné deferré d'un œil. Gozille *le Coq* ne me veut pas de bien : j'ai avalé preſque toute ſa Famille.

J'ai redreſſé Minaudier *le Singe* : quoique ce ſoit une affaire aſſoupie , peut être s'en reſſouviendroit il , s'il en trouvoit l'occaſion. Etant dans un village, je ſentis l'odeur d'une poularde rôtie. Je ſuivis mon odorat, & j'entrai dans une cuiſine, où je vis ſur un plat près du feu une poularde qu'on avoit tirée de la broche. Minaudier étoit au coin du feu : Je lui demandai ce qu'il faiſoit là. Il me dit qu'il étoit le Domeſtique affidé d'un

Bourgeois qui étoit venu prendre l'air dans ce village ; & qu'il gardoit la poularde , pendant que la Servante étoit allée au jardin chercher du Cresson. Je me doutai bien qu'il s'opposeroit à mon dessein. C'est pourquoi je commençai à lui faire la moue : il me la fit pareillement. Voyant qu'il entendoit raillerie , je me mis à sauter & à faire des tours de souplesse : il repondit aussi-tôt sur le même ton. Enfin je feignis qu'il m'etoit entré quelque ordure dans les yeux ; & je mis ma patte dessus, lui tournant le dos. Minaudier continua à me contrefaire. Dès qu'il eut le dos tourné , je sautai sur la poularde ; & je l'emportai. Il voulut courir après moi : mais comme il étoit enchâiné , il fut d'abord arrêté , & j'eus le tems de me sauver avec ma proie. La Servante à son retour lui auroit fait un mauvais parti , si le Bourgeois qui m'avoit vu fuir, ne l'en eût empêchée.

J'ai joué aussi de mauvais tours à Glouton. Entre autres, je lui ai appris à sonner les cloches. Nous passions par un Hameau, où il y avoit une cloche à l'usage des gens du lieu. Je feignis d'avoir quelque dessein. Je dis à Glouton d'appuyer ses pattes contre le mur, où elle étoit : je les entortillai, je les liai avec la corde ; & je gagnai au pied. Il voulut me suivre ; & se trouvant retenu, il commença à sonner si fort que tous les habitans accoururent pour voir ce que c'etoit. Avant qu'il put fe degager, il fut roffé d'importance.

Dans une autre occafion je lui ai fait bru-
ler le poil fi près du vif qu'il en eut toute la
peau enlevée. Il n'y a pas encore long tems
que nous entrames de nuit chez un Laboureur.
A force de fureter, nous trouvames un Garde-
manger entr'ouvert. Glouton fe jetta avec avidité fur quelques reftes de viande qu'on y avoit
ferrés ; & il me dit qu'il ne m'en laifferoit rien,
& que j'allaffe chercher ma vie ailleurs. Je me
retirai, & de depit je pouffai la porte, qui fe
ferma au loquet. Bientôt la queftion fut de for-
tir. Il fit tant de bruit qu'il reveilla toute la
maifon. Chacun fe leve : on accourt ; on ou-
vre. Si on eut apporté plus de precaution, il
auroit payé cherement fon écot : mais comme dans une alarme de Gens réveillés en fur-
faut il n'étoit guere poffible d'y prendre garde
de fi près, on lui compta feulement quelques
coups de bâton pour la bonne chere.

Un jour je lui promis de le raffafier de chapons gras. Pour le faire donner dans le panneau, je l'obligeai à me jurer qu'en reconnoiffance, il me prêteroit Main-forte, toutes
les fois que j'aurois befoin de fon fecours.
Les fermens ne lui coutèrent rien. Que ne feroit il pas pour fatisfaire fa Gourmandife ? Je
le menai dans un village & je le fis monter à
un grenier. Je lui dis, qu'il s'avançât au dehors de la fenêtre & qu'il tâtât de côté. Pendant qu'il tâtoit les chapons, je le culbutai

du haut en bas. Il ne fe feroit pas relevé de
fa chute, s'il y avoit des coups mortels fur
une mechante bête : mais je n'eus d'autre fa-
tisfaction que de l'entendre heurler en fuyant.
Tout 'eftropié qu'il étoit, il ne demanda pas
fon refte.

REFLEXION.

LA Gourmandife a toûjours de facheufes fuites. Quand on s'expofe au danger, on s'expofe au repentir.

CHAPITRE IX.

Dominant le Blereau *promet à Trigaudin de le servir. Celui-ci après avoir fait un aveu sincere de la plûpart de ses tours, ne marque point d'amandement dans sa conduite.*

TRIGAUDIN ayant ainsi compté une partie de ses exploits, dit à Dominant : Vous voyez, mon cher Neveu, que j'ai grand sujet d'apprehender. Comment me justifierai-je auprès du Roi ? tous mes Adversaires vont s'élever : je succomberai sous le faix de leurs accusations. Quelle esperance d'avoir ma grace, à moins que vous ne l'obteniez par vôtre crédit ? Mon Oncle, repondit Dominant, prenez courage, & laissez moi faire. Je vous suis tout devoué. Fallut il ma vie même, je la donnerois pour vous sauver ? Au reste vous êtes ingenieux : Vous imaginerez quelque expedient qui satisfera le Roi & la Reine : c'est pourquoi bannissez cette crainte : Allons affronter le danger avec assurance. La Fortune favorise les Intrepides.

Dominant & Trigaudin poursuivirent leur route. Ils passèrent devant une ferme, où le dernier alloit de tems en tems escamoter quelque poule grasse, ou quelque bonne oye pour se regaler avec Hermine sa ménagère. L'occasion le tenta : il ne fit qu'un saut & s'elança sur un coq qui s'etoit écarté. Il le toucha de si près, que les plumes lui en restèrent dans la gueule. Dominant surpris de cette action le reprimanda : Quoi ! mon Oncle, dit-il, voulez vous à l'appetit d'un mechant coq vous attirer de nouvelles affaires ? Je n'y faisois pas attention, repondit Trigaudin. Cela ne m'arrivera plus. Mais il avoit beau promettre ; il ne pouvoit quitter son ancienne coutume.

REFLEXION.

A T'on contracté l'habitude de malfaire, on resiste difficilement à l'occasion.

CHA-

CHAPITRE X.

Trigaudin le Renard *arrive à la Cour. Il est*
condamné à être pendu.

Quand Trigaudin vit qu'il approchoit de
la Cour , le frisson commença à le
prendre. Il avoit de facheux pressen-
timens : mais c'eut eté se condamner lui même que de paroître déconcerté. C'est pourquoi
il dissimula son embaras , & affectant un air
assuré devant le Roi, il le salua en ces termes : Plaise au Ciel de conserver vos jours ,
O Roi plein de bonté ! Je sais quelle opinion
plusieurs de ceux qui sont ici presens , ont
donné de moi à Votre Majesté. Jaloux de

la fidelité & du grand attachement que je té-
moigne fans cefle à mon Roi, tant par mes
paroles que par mes actions, ils m'ont rendu de tres mauvais offices auprès de lui. La
Vertù a de tout tems été expofée à la calomnie : Mais le Menfonge n'a que des intervalles de faveur ; la Verité triomphe toujours à la fin.

Le Roi repondit : Non, non, Trigaudin,
ne crois pas m'endormir : une longue expe-
rience m'a appris de quoi tu étois capable. Tu
pourrois m'en impofer, fi je te connoiffois
moins. Tu as comblé la mefure, & tu feras
traité comme tu le merites.

Gozille *le Coq* impatient de fe venger,
avança & 'dit : Quel tort le traitre ne m'a
t'il pas fait? Tais toi, Gozille, reprit le Roi ;
je fais ce que j'ai à faire. La deffus fe tournant
vers Trigaudin : C'eft apparemment, lui dit il,
dans la reception faite à mes Deputés, que
je dois trouver ces témoignages de grand
attachement dont tu te vantes. Dieux !
s'ecria Trigaudin, fi l'un a été maltraité pour
avoir voulu manger du miel à contretems,
eft-ce ma faute? Et fi l'autre entreprenant
fans precaution un vol de nuit a perdu un
œil, doit on s'en prendre à moi? Quoi qu'il
en foit, vous êtes le Maître de ma deftinée :
vous me traiterez comme vous le jugerez à
propos : ma vie eft entre vos mains.

Pendant qu'il tâchoit de fe difculper, le

Conseil se rassembla pour terminer l'affaire. C'étoit à qui chargeroit davantage l'adroit Compagnon : il repondoit à tout effrontement. Après qu'on eut entendu les Demandes des Complaignans & les defenses de l'Accusé, on alla aux Opinions. Trigaudin atteint & convaincu de Vols & de Meurtres fut condamné à être pendu.

Il insista pour se justifier, mais en vain : ses Accusateurs lui imposoient silence : la Sentence de mort étoit rendue & prononcée; ils n'en demandoient pas davantage. Dominant le Blereau & les autres amis de Trigaudin tombèrent dans une grande consternation : ils se retirèrent, pour ne se point trouver à un spectacle, qui leur feroit trop de peine. Le Roi lui même fut touché, quand il les vit partir. Il considera que le Criminel avoit de bons amis, & que tout dangereux qu'il étoit, il ne laissoit pas d'être quelquefois utile à la Cour par ses ruses.

Pour proceder à l'Execution, il ne s'agissoit plus que de savoir, où l'on trouveroit de la corde & un Bourreau. Le pauvre Patient prit la parole & dit : J'aimerois bien mieux qu'on m'expediât promtement que de me faire languir; car c'est redoubler mon supplice. Quand mon Pere mourut, il ne languit point. Demandez une corde à Moustache : il a encore au col celle qu'il a attrapée à la chasse aux souris;

& comme il eſt adroit à grimper, qu'il aille attacher la corde : il fera volontiers cette fonction, puiſqu'il me ſait mauvais gré de la perte de ſon œil. Si j'en étois cauſe, je pretendrois qu'il m'en eût obligation : n'eſt ce pas une peine épargnée pour lui ? il n'a qu'une fenêtre à fermer, lors que les autres en ont deux.

Mouſtache fut piqué de ces paroles : entendez vous, dit il, de quelle maniere il me turlupine ? Hé bien, nous verrons : je lui aprendrai à railler. Auſſitôt l'Executeur borgne ne penſa plus qu'à remplir ſes fonctions & dit ſeulement à l'Aſſemblée : Prenez garde, Meſſieurs, qu'il ne vous échappe. C'eſt un Scelerat dont on ne ſauroit trop ſe deffier ; ne le manquons pas, pendant que nous le tenons.

REFLEXION.

ON doit peu compter ſur ſes amis dans l'adverſité : ils diſparoiſſent, & ils nous laiſſent ſans conſolation.

CHAPITRE XI.

*Trigaudin le Renard étant sur l'Echelle
demande à parler, & il est entendu.*

ON s'achemina bientôt vers le Supplice.
Trigaudin qui avoit l'œil à tout, s'apperçut que le Roi venoit à la Suite :
Il conçut de là l'esperance de se tirer d'un si
mauvais pas. La fertilité de son imagination
le mettoit au dessus des évenemens. Il s'avisa
d'un expedient, dont ses Idées portoient
deja loin le succès. Plein d'animosité contre
ses Accusateurs il alloit jusqu'à se flatter de
leur revaloir : C'est à l'extremité, disoit il
en lui-même, qu'il est plus glorieux de se
relever. Quelque terrible que soit l'orage, je

veux encore le calmer. Maigré toute la pre-
vention dont l'esprit du Roi est frappé, je
saurai bien regagner ses bonnes graces ; &
ceux qui m'ont voulu perdre, apprendront
à ne plus se jouer à moi.

Dans l'entre-tems les Preparatifs avoient été
faits pour l'execution. Mouftache avoit pris
le devant ; il s'étoit fait debarasser de la corde quil trainoit : il l'avoit attachée au Gibet,
la laissant pendre par le nœud coulant : Deja
il saisissoit le Patient ; tant il étoit empressé
de le jetter & de l'étrangler.

Alors Trigaudin dit en soupirant : Je vois
bien qu'il faut que je meure : j'ai merité mille
fois la peine que je vais subir. Helas ! Combien a t'on accusé d'innocens ? combien en
accusera t'on peut-être à l'avenir de crimes
que j'ai seul commis ? Ce seroit une grande
consolation pour moi, si l'on m'accordoit de
les declarer, afin que Personne n'en fût inquieté injustement dans la suite.

Tous les Assistans prierent le Roi de lui
accorder une demande qui sembloit les interesser. Trigaudin en eut bien de la joie : il
presuma que ses affaires tourneroient mieux
qu'on ne le pensoit ; & dans cette opinion
il dit d'un ton ferme : Messieurs, je vous ai
fait beaucoup de mal à tous tant que vous
êtes. Cependant j'étois né avec de bonnes in-
clinations ; car avant que je fusse sevré, je
n'avois point de malice. Je rodois tous les

jours autour des Agneaux , uniquement pour le plaisir de les entendre bêler. J'étois deja devenu grand , lorfque je rencontrai Glouton le Loup pour la premiere fois : Il me dit qu'il étoit mon Oncle. Nous liames amitié ; & depuis nous avons fouvent été de compagnie enfemble. Il me dreffa à vivre de rapine & de pillage ; il voloit le gros , & moi je volois le menu. Je devois avoir moitié par tout fuivant la convention verbale faite entre nous deux : mais je n'ai pas lieu de me louer de lui. Loin de tenir fa parole, il étoit fi goulu qu'il ne me laiffoit feulement pas le quart de la proie. Que dis-je ? quand il prenoit une brebis ou un veau, auffitôt arrivoit fa Femme avec fept Enfans & quelquefois davantage; ils s'acquittoient tous fi bien de leur devoir qu'à peine pouvois-je attraper une côtelette ; encore le plus fouvent étoit elle toute decharnée. Je me laffai d'une Societé qui m'etoit fi defavantageufe, & je fis bande à part. Je retournai où le bêlement des agneaux m'avoit attiré autrefois. Je n'étois plus charmé de les entendre qu'autant que cela fervoit a me les indiquer : je ne leur faifois point de quartier. La compagnie de mon Oncle m'avoit rendu fi fanguinaire que je tuois poules, oifeaux , chevreaux, enfin tout ce qui fe prefentoit à mon appetit. Cependant au defaut de captures fuffifantes, je n'aurois pas manqué de fubfiftance : Car je fais, où il y a un Trefor fi confiderable que fept chevaux ne pourroient pas le tirer. Le Roi demanda à Trigaudin en quel endroit étoit ce Trefor. Seigneur Roi, repondit-il, c'eft de l'argent qui a été volé fort à propos. Sans cela, il eût fervi à exercer une grande trahifon contre votre illuftre Perfonne. Ces paroles frapperent la Reine : elle fe laiffa emporter à la curiofité. Trigaudin, dit-elle, il faut que tu nous donnes des éclairciffemens : enfeigne nous ce Trefor, & decouvre nous toutes les circonftances de la Confpiration. Madame, repondit le Criminel, je ne fuis guere commodément pour entrer dans ces explications : dailleurs il n'eft pas à propos de les rendre publiques. Auffitôt on le fit defcendre de l'Echelle, afin qu'il parlât au Roi & à la Reine.

REFLEXION.

LEs Fourbes fe fervent fouvent du pretexte de leur confcience pour furprendre les Juges. L'Argent fait auffi ouvrir les yeux en beaucoup d'Occafions.

CHAPITRE XII.

Trigaudin accuse son Pere d'une Conspiration,
où il implique ses ennemis.

LE rusé Animal se promettant un heureux succès de l'Audience qui lui étoit
accordée , parla ainsi : Il m'est donc
permis , ô Illustre Reine , d'ouvrir mon cœur,
avant que de mourir ! Ne me blâmez point ,
je vous prie , d'avoir attendu une pareille
extrémité. La qualité des Conjurés sembloit
m'imposer un silence eternel. C'étoient de
mes plus proches Parens , je l'avoue à regret,
qui avoient fait le noir complot que je vais vous
decouvrir. Aussi hésiterois-je encore à le re-

G

veler, s'il ne s'agiſſoit de la conſervation de mon Roi & de ſes Etats. Trigaudin pouſſa là deſſus quelques ſanglots. La Reine eut pitié de lui; elle pria le Roi de lui faire Grace en reconnoiſſance du ſervice qu'il leur rendoit. Le Roi voulut auparavant entendre ce que le Criminel avoit a dire. Que j'ai de douleur, Seigneur Roi, s'ecria t'il, qu'il me faille parmi les Complices en nommer un, qui me touche de ſi près ! Cependant je ne l'epargnerai point, puiſque la verité eſt indiſpenſable en cette occaſion.

Le Scelerat pour ſe rendre plus croyable, avoit reſolu d'accuſer Renard ſon Pere le premier, & de le declarer Chef de la Conſpiration. Votre Majeſté, continua t'il, ſaura que le Roi *Noſtorqui* avoit caché ſon Treſor au fond d'une Voute Souterraine : Mon Pere le trouva par hazard. Quand il ſe vit maître de cet argent, il devint ſi fier qu'à peine oſoit-on le regarder. Il envoya Mouſtache *le Chat* dans les Ardennes annoncer à Grosbrun *l'Ours* qu'il eût à ſe rendre promptement en Flandre, s'il vouloit être Roi. Grosbrun apprit cette nouvelle avec joie; car il aſpiroit depuis longtems à la Couronne, n'attendant qu'une conjonĉture favorable pour déthroner votre Majeſté; il partit auſſitôt pour la Flandre.

Dès qu'il fut arrivé, mon Père tint Conſeil avec Glouton *le Loup*, & avec Mouſtache *le Chat.* Dans la difcution des mefures qu'ils prendroient, ils ne trouvèrent qu'une difficulté à proclamer Roi Grosbrun *l'Ours* ; C'étoit que Votre Majefté auroit un Parti, qui s'oppoferoit à l'execution de leur deffein. Mon Père les raffura, leur difant qu'il alloit lever des Troupes ; qu'il avoit de quoi les payer, & qu'ils gardaffent feulement le fecret jufqu'à ce qu'ils fuffent en état de refiftance. Il arriva enfuite que Mouftache ne pouvant tenir fa langue, conta toute l'intrigue à fa Femme. Veritablement il lui recommanda fort de n'en parler à Perfonne : Mais quoiqu'elle le lui eût promis, elle ne rencontra pas plutôt ma femme qu'elle lui fit confidence fous la même condition. Ma femme ne tarda guère à me raporter tout ce qu'elle avoit appris.

Au recit d'un pareil projet tout le poil de mon corps fe heriffa : Je frémis de faififfement. L'hiftoire des tems paffés frappa mon efprit. Les Grenouilles autrefois infenfibles à leur liberté demanderent un nouveau Roi, capable de les tenir en Regle ; On leur donna la Cigogne, qui debuta par les avaler l'une après l'autre. Elles s'en plaignirent ; Mais il étoit trop tard ; Elles avoient fubi le joug. Je tirois de cet Exemple une confequence favorable au gouvernement de Votre Majefté : ainfi, Seigneur Roi, j'em-

braſſai votre parti ; & peut-être ne m'en ſau-
rez vous pas plus de gré. A dire vrai, mon
interêt particulier ne me touchoit pas moins
que celui de tout votre Peuple. Le mauvais
caractère de Grosbrun eſt connu generale-
ment. Nous étions perdus, ſi nous euſſions
eu pour Roi ce lourd & méchant Animal.

Je ne penſai qu'aux moyens de rompre les
ſourdes pratiques de vos Ennemis. Que ne
puis je, diſois je en moi même, decouvrir
le Treſor qui cauſe tant de deſordre ! je le
cherchai par tout, où je crus qu'il pouvoit
être : Peines inutiles ! Enfin étant un beau
matin étendu par terre & occupé de mon in-
quietude, je vis mon Pere ſortir d'un trou.
Après avoir regardé de tous côtés ſi Perſonne ne le voyoit, il couvrit le trou de terre;
& pour l'applanir afin qu'on ne s'apperçût de
rien, il paſſa ſa queue pardeſſus. J'obſervai
bien tout ſon Manege ; & ſitôt qu'il fut parti, j'allai en tapinois à l'endroit. Je levai la
terre, & m'étant gliſſé par le trou, je trouvai une ſi grande quantité d'or & d'argent,
qu'on n'en a jamais tant vu. Je courus avertir ma Femme de venir m'aider à enlever le
Magot. Nous le tranſportames dans un lieu
où il pût être en ſureté & à notre bienſeance.

Pendant qu'elle & moi nous étions occu-
pés à cet ouvrage, mon Pere conferoit avec
les principaux Conjurez. Grosbrun *l'Ours* &
Glouton *le Loup* envoyerent des Lettres Cir-

culaires dans tout le Païs , faisant sçavoir que
si quelqu'un vouloit s'engager , il vînt trouver Grosbrun ; que l'on donneroit un bon
engagement & que l'on avanceroit trois mois
de paye. A des conditions si avantageuses il
se presenta bien de la Jeunesse libertine , qui
ne demandoit pas mieux. Enfin mon Père eut
recours à son Tresor , pour en tirer de quoi
donner aux Soldats l'argent qu'on leur avoit
promis. Je vous laisse à penser quelle fut sa
consternation , quand il trouva la place nette :
je l'avois si bien nettoyée qu'il n'y étoit pas
resté une Obole. Il prit un parti qui sera pour
moi un sujet de douleur perpetuelle ; il se
pendit : mais j'aime encore mieux qu'il m'ait
laissé cette amertume , que d'avoir réussi dans
sa perfidie.

REFLEXION.

UN Menteur n'épargne Personne pour parvenir à ses fins.

CHAPITRE XIII.

Grosbrun l'Ours *&* *Glouton* le Loup *voulant se
plaindre , sont arrêtés Prisonniers.*

LA pretendue Conspiration étoit decou-
verte dans toutes ses circonstances. La
Reine ne s'inquietoit plus que de savoir,
où étoit le Tresor. Elle tira Trigaudin en
particulier : Ami , lui dit elle , nous sommes
reconnoissans de tes bons offices. La derniere preuve que nous attendons de ton amitié , c'est de nous enseigner ton Tresor. Madame , repondit Trigaudin , donnez moi , je
vous prie , un peu de relâche. Trouvez bon
que je ne prodigue pas ainsi ma confidence ,
dans le tems qu'on veut me faire pendre. Non,

lui dit la Reine, n'apprehende point : mais corrige toi donc, & fois fidelle au Roi ; il te donnera ta grace. Si le Roi, reprit Trigaudin, veut me l'accorder & ne plus ecouter mes ennemis, je le rendrai le plus riche Prince qui soit au Monde.

Le Roi qui prêtoit l'oreille à leur entretien, prit la parole : Madame, dit-il, meffiez vous de cet Impofteur ; Vous favez de quoi il eſt capable. Seigneur Roi, repondit la Reine, il a fait du bien & du mal. Si d'un côté il vous a offenfé, d'un autre il vous a bien fervi. Vous venez d'entendre que pour vous maintenir fur le Trône, il a été caufe que fon propre Père s'eſt pendu. Madame, ajouta le Roi, quelque repugnance que j'aye à lui pardonner, je ferai ce que vous voudrez : mais j'apprehende fort que les fuites ne repondent pas à votre attente. Jugez de lui plus favorablement, reprit la Reine : il y a des occafions, où il faut relâcher de fa feverité. Hé bien ! repondit le Roi, j'acquiefce à votre volonté par complaifance, je lui remets le paffé : mais je jure par ma Couronne que s'il tombe à l'avenir dans aucune faute, je m'en reffentirai fur lui & fur fa Race jufqu'à la neuvieme generation.

Trigaudin n'en demandoit pas davantage : le paffé lui étoit pardonné ; il triomphoit de fes ennemis, & il échappoit à la Potence. Sa joie fut inconcevable : Il s'épancha en remerciemens

pathetiques. Jamais on ne fit de plus belles promeſſes. Le Roi dans ſa deffiance ne quittoit pas
ſon point de vûe; il inſiſta pour ſavoir où
étoit le Treſor. Seigneur Roi, dit Trigaudin,
dans le deſert qu'on appelle la Vallée ſans nom,
il y a un ruiſſeau, auprès duquel ſont deux
Bouleaux : c'eſt juſtement entre ces deux
Bouleaux que j'ai caché le Treſor. J'entens bien,
dit le Roi; mais il ſera bon que tu m'y con-
duiſes : je le trouverai plus aiſément. Tres
volontiers, Seigneur Roi, repliqua Trigaudin:
cependant Votre Majeſté fait Elle attention
qu'il ne lui ſera pas honorable qu'on la voye
en ma compagnie? ma reputation eſt bien
décriée : On met tant de fredaines ſur mon
compte que j'en ſuis honteux. Il eſt vrai que
j'ai fait quelques petits tours de jeuneſſe : mais
je veux tenir deſormais une conduite toute
differente & me concilier la bienveillance
d'un chacun : après quoi ma compagnie fera
honneur à tout le Monde. Une autre difficulté, Seigneur Roi, c'eſt qu'il y a fort loin d'ici
à la Vallée ſans nom. Eſt il neceſſaire que Votre
Majeſté prenne la peine d'y venir Elle même ? Qu'Elle ait la bonté de me donner des
Commiſſaires qui viennent avec moi reconnoître les lieux, faire un bordereau des di-
verſes eſpeces du Treſor, & ſe mettre en
état de rendre compte de tout. Le Roi voyant
de la difficulté à ſuivre l'affaire de trop près,
                                              prit

prit fon parti , & dit : Tu as raifon ; auffi bien
n'en ferois-je pas plus avancé , quand j'aurois
vu l'argent , puifqu'il faudra le tranfporter
ici. La Reine à qui tu es redevable de ta
Grace , te nommera des Commiffaires.

Sa Majefté Leonine monta enfuite fur fon
Thrône , fit figne aux animaux de prêter filence
& prononça à haute voix: *O vous tous, & chacun de*
vous en particulier qui êtes ici prefens , foit Nobles
foit Roturiers , fachez que Trigaudin le Renard
nous ayant rendu de très importans fervices , la
Reine nous a portés à les reconnoître ; enforte que
pour les raifons à nous refervées nous lui remet-
tons tous les crimes qu'il peut avoir commis par
le paffé : & confequemment nous vous enjoi-
gnons de le refpecter lui , fa Femme & fes En-
fans , vous defendant expreßement de leur faire ,
ni de permettre qu'il leur foit fait aucun mal.

Grosbrun *l'Ours* , Glouton *le Loup* & fa
chere Moitié furent fort affligés du pardon accordé à leur Ennemi. Comme ils
avoient tâché de le perdre , ils ne doutoient pas
de fon reffentiment : fi bien qu'ils ne pu-
rent retenir leur colere. En depit des ordres , ils s'avancerent devant le Roi , & ils
lui dirent que Trigaudin n'étoit qu'un Traitre
& qu'un double Hypocrite.

Le Roi irrité de leur defobeïffance les fit
prendre , & les fit garroter. Trigaudin qui
vit l'occafion de fe venger d'eux , ne la laiffa

pas échapper. Il s'adreſſa à la Reine , & lui dit : Vous ſavez, Madame , que j'ai un grand voyage à faire. J'aurois bien beſoin de deux paires de ſouliers ; il n'y a Perſonne ici qui ſoit mieux chauſſé que mon Oncle Glouton , & ma Tante ſa Femme. Je ſerois ſenſiblement redevable à Votre Majeſté , ſi elle vouloit leur ordonner de m'en fournir chacun une paire. Il ne tiendra pas à cela , dit la Reine , que tu ne ſois content. Ce n'eſt pas encore tout , Madame , continua Trigaudin. Il fait une grande fraîcheur ſoir & matin en cette ſaiſon. Le Serein , la Roſée cauſent ſouvent des Rhumes. Un voyageur doit bien menager ſa ſanté ; il doit prendre toutes les precautions poſſibles pour n'être point retardé en chemin : c'eſt pourquoi , Madame , un bonnet me ſeroit fort neceſſaire. Vous me feriez bien plaiſir d'obliger Grosbrun à me donner un morceau de ſa fourrure pour m'en faire un : on le prendra du côté qui lui ſera le plus commode. Pendant que vous êtes diſpoſée à me combler de bienfaits , je prens la liberté de vous demander tous mes petits beſoins. La Reine lui repondit , tu ſeras ſatisfait, Trigaudin : je ne veux pas que tu manques de la moindre choſe. Madame , reprit-il , je vous aurai une obligation infinie.

R E F L E X I O N.

UN menteur eſt dangereux , quand il ſait perſuader.

CHAPITRE XIV.

On dechausse le Loup & la Louve par ordre de la Reine, & l'on coupe à Grosbrun l'Ours un morceau de sa peau.

AUssi-tôt la Reine ordonna que l'on levât à *Glouton* la peau des pattes de devant, & à la Louve sa Femme la peau des pattes de derriere. On coupa en même tems à Grosbrun un morceau de son just-au-corps pour en faire un bonnet. Il est aisé de s'imaginer comment ils heurloient, pendant qu'on les écorchoit ainsi, pour chausser leur ennemi mortel. Trigaudin étoit ravi de voir les effets de sa vengeance. Ma chere Tante,

dit-il parlant à la Louve , je conserverai
bien ces souliers pour l'amour de vous. Je les
userai le moins qu'il me sera possible ; & à
mon retour je vous les rendrai. Vous n'avez
pas à faire à un ingrat : Je vous tiendrai
compte de l'amitié que vous me faites. Reti-
re toi , lui dit-elle, Traitre & Scelerat. Puisse
Belzebuth te conduire si loin que tu ne re-
viennes jamais !

Il ne manquoit plus à Trigaudin que de
savoir qui seroient ses Commissaires. Comme
ils devoient être nommés par la Reine qu'il
trouvoit si portée à le favoriser , il jugea à
propos de ne point perdre de tems , & il lui
dit : Le Roi, Madame , vous a remis le choix
des Commissaires qui doivent m'accompagner:
La protection dont vous m'honorez , me
fait esperer que vous ne les choisirez point
parmi mes Ennemis. Non, lui dit la Reine,
je continuerai, comme j'ai commencé, per-
suadée que tu n'abuseras pas de mon indulgen-
ce. Afin de te marquer jusqu'à quel point je
veux t'obliger, choisis toi-même deux Sujets
qui te conviennent, & qui soient capables des
fonctions qu'ils auront à remplir. Puisque vous
avez la bonté, Madame, lui repondit-il, de
vous en rapporter à moi , je prendrai d'abord
Beslin *le Belier* : sa conversation est amusan-
te : notre route est longue ; il me desennuira.
Le second Commissaire sera, si vous le trouvez bon, Rouget *le Lievre* ; il a de la viva-

cité ; nous avons eu quelque caſtille enſemble : mais il ne s'en ſouvient plus ; car la memoire n'eſt pas ſon Fort. Pour prevenir les
inconveniens, nous mettrons tout en écrit :
Le principal eſt qu'il ſoit bon Coureur, afin
que vous ayez promtement des nouvelles. Je
ſuis bien aiſe d'être avec lui ; je l'aime naturellement. La Reine approuva le choix que
Trigaudin faiſoit : Elle lui dit de ſe diſpoſer
à partir, & de lui envoyer en diligence **un**
Etat du Treſor.

REFLEXION.

LE Sexe eſt credule ; il donne dans des apparences, qui ſont ſouvent trompeuſes.

CHAPITRE XV.

*Trigaudin va decouvrir ſon pretendu Treſor à
Beſſin le Belier, & à Rouget le Lievre.*

LE lendemain de grand matin, notre He-
ros s'équipa : après quoi il alla prendre
congé du Roi & de la Reine : Seigneur
Roi, dit-il au Lion, me voilà prêt à partir.
Je viens recevoir les ordres de Votre Majeſté.
Le Roi lui dit : Reçois ceux de ta Liberatrice,
& tâche de la ſatisfaire au plutôt par l'execution de tes promeſſes. J'eſpere, dit la Reine,
que nous n'aurons pas lieu de nous repentir

de lui avoir fait grace. Après qu'il l'eut remerciée, elle commanda que chacun le conduisît jufqu'à une demi-Lieue. Il n'y eût que Grosbrun, Glouton & fa Femme qui en furent difpenfés, reftant liés étroitement.

Trigaudin partit ainfi avec une nombreufe compagnie, qu'il congedia le plûtôt qu'il put. Un fi grand train lui étoit à charge ; Rouget & Beflin lui fuffifoient ; auffi fe mit il entre eux deux. Il tâchoit de gagner leur bienveillance par fes flateries ; il les amufoit de complimens le long du chemin : Meffieurs, leur difoit-il, fi j'ai eu le malheur de frifer la Corde, j'ai bien lieu de m'en confoler, puifque c'eft ce qui me procure l'avantage de votre compagnie. Vous avez l'un & l'autre des qualités que j'ai toujours eftimées. Quand elles feront connues, vous remplirez fans doute les Places les plus honorables de l'Etat. Voici une occafion de vous faire connoître: je fuis bien aife que vous m'en ayez l'obligation. Quoique vous foyez naturellement ferviables, le gré que vous me faurez d'avoir mis votre merite au jour, me fera un nouveau garand de vos fervices. La preuve que vous allez donner de votre capacité, ne manquera pas de produire l'effet que j'en attens. Y-a-t'il quelqu'un propre à la guerre comme le Seigneur Beflin ? Je l'ai vu fe doguer * plu-

---

(*) Se doguer, fe dit des Beliers & des Moutons qui fe heurtent les uns contre les autres.

fieurs fois : fon intrepidité ne me furpre-
noit pas moins que fon adreffe. A l'egard du
Seigneur Rouget , je doute que les Armes
lui conviennent ; il n'eft pas né pour le bruit :
mais il eft capable des premiers emplois ,
pourvu qu'ils foient paifibles. On ne finiroit
point, Meffieurs, à rechercher tous les élo-
ges que vous meritez l'un & l'autre. Quand
on vous rendra juftice, on conviendra qu'il
n'y a point de Bêtes , qui ayent plus d'efprit
que vous. Avec de pareils difcours, il les mena jufqu'à fon Château de Malperdu.

REFLEXION.

NE croyez pas ceux qui vous flattent, fi
vous ne voulez être trompé.

CHAPITRE XVI.

Rouget le Lievre *entre dans le château de Mal-*
perdu où il eſt étranglé par Trigaudin.

TRigaudin arrivé devant la porte du Château, dit à Beſlin *le Belier* : Mon Neveu, attendez ici un moment. Rouget
& moi nous entrerons : Nous allons voir ſi
Hermine ma Femme n'eſt point ſortie ; Nous
viendrons auſſi-tôt vous rejoindre. Beſlin fit
ce qu'on lui diſoit ; il ſe tint à la porte. Rouget entra avec Trigaudin.

Hermine étoit étendue par terre avec ſes
Petits ; Elle commençoit à être fort inquiete
de ſon Mari. Dès qu'elle l'apperçut, elle ſauta
de

de joie : J'étois bien en peine, lui dit-elle, de savoir quel succès tes affaires avoient eu à la Cour. Ma femme, lui repondit-il, J'ai passé un mauvais quart-d'heure : On m'avoit mis fort mal dans l'esprit du Roi. Heureusement il a écouté mes raisons ; & je suis tellement rentré dans ses bonnes graces, qu'il m'a honoré de sa confiance, me chargeant d'une affaire qui m'oblige à un grand voyage. Il m'a permis de venir t'en donner avis, & il *m'a* livré Rouget *le Lievre* pour en faire un dejeuner avec toi avant mon depart. Tu ne croirois peut-être pas que le Perfide a été un des premiers à m'accuser : vengeons nous du Traitre.

Rouget voyant entre quelles mains il étoit, voulut prendre la fuite : mais il n'en eut pas le tems. Saisi etroitement par le col, tout ce qu'il put faire, ce fut de crier : Beslin , Beslin à moi, au secours : il eut à l'instant le sifflet coupé. Allons, ma Femme, dit Trigaudin à Hermine, faisons bonne chere : le morceau n'est pas indifferent ; il est gros & gras. Toute la petite Famille accourut. Ils pensoient être à la noce ; tant le mets leur sembloit exquis. Quand ils eurent bien repu : Ce n'est pas assez, ajouta Trigaudin ; il faut que je prenne mon parti. J'ai amusé de paroles le Roi & la Reine ; ils m'ont laissé aller à condition de les rendre maîtres d'un Trefor que je leur ai dit avoir en ma poſſeſſion. Si j'attens qu'ils reconnoiſſent que je les ai endormis d'impoſtures, ils enverront après moi, & ils me feront pendre ſans quartier : c'eſt pourquoi je ne reſte pas ici. Je ſais un endroit où l'on ne me trouvera pas, fût-on un an à me chercher. Les Perdrix, les Becaſſes & toute la plus excellente Volatille y abondent : il y a des ſources & des ruiſſeaux : On y reſpire un air tres pur : En un mot c'eſt le ſejour le plus delicieux de la Terre. Mon ami, dit Hermine, je ne te conſeille pas de chercher un autre refuge que ce Château-ci : il a tant de tours de detours, que c'eſt un vrai labyrinthe : tu ne dois pas craindre qu'on puiſſe jamais t'y trouver. Mais t'es tu engagé au voyage dont tu m'as parlé? Ce n'eſt pas ce qui m'inquiete, repondit Trigaudin : le voyage & le treſor ont été fabriqués à la même forge : il falloit tout promettre pour me tirer d'intrigue. Preſentement que je ſuis en liberté, il s'agit de m'y conſerver. Je ſuivrai ton avis, & je n'irai pas plus loin.

Beſlin *le Belier* qui s'ennuyoit d'attendre, ſe mit à crier devant la porte : Rouget, Rouget, à quoi t'amuſes tu ? allons donc : nous faiſons là une belle diligence. Hermine demanda : Qu'eſt-ce que j'entens ? Nous avons deja, répondit Trigaudin, expedié un des Commiſſaires ; je m'en vais voir à me debaraſſer de l'autre. Il courut à la porte & dit à

Beſlin : Mon Neveu , ayez un peu de patience. Rouget conſole votre Tante de mon depart : nous ne tarderons pas. Il me ſemble , dit Beſlin , que je l'ai entendu crier au ſecours : ne lui eſt il rien arrivé ? Ma Femme , repondit Trigaudin , eſt tombée en foibleſſe , quand elle a ſçu que j'allois partir ; elle ſe remet petit à petit de ſon ſaiſiſſement. Rouget s'étoit allarmé : il vous appelloit au ſecours de votre Tante. J'apprehendois , dit Beſlin , qu'il n'eût quelque autre raiſon. Vous n'avez que faire de craindre , repliqua Trigaudin ; il ne lui arrivera point de mal chez moi : j'aimerois mieux qu'il en arrivât à ma Femme & à mes Enfans. Mais , mon Neveu , je viens d'ecrire deux Lettres importantes que j'addreſſe au Roi. Oſerois-je vous prier de les lui porter ? Dites hardiment que vous m'avez aidé à les compoſer : Elles vous feront beaucoup d'honneur. Mon Oncle , repondit Beſlin , je vous ſuis bien obligé de la bonne volonté que vous avez pour moi. J'accepterois l'offre volontiers , ſi j'avois un Porte-feuille où je puſſe les ſerrer , afin de ne les pas gâter en chemin. Il me vient , reprit Trigaudin , un bon expedient dans l'eſprit : je vous prêterai ma Valiſe , & nous les y mettrons. Beſlin y conſentit , & ſe chargea du Meſſage.

REFLEXION.

LA mauvaiſe Compagnie n'attire que des malheurs,

CHAPITRE XVII.

Beslin le Belier *retourne à la Cour avec la Valise de Trigaudin.*

Trigaudin attacha sa Valise sur le dos de Beslin & lui dit : Mon ami Beslin, allez le plus vîte que vous pourrez : prenez garde pourtant de vous fatiguer. Nous partirons aussi-tôt que vous serez revenu. Beslin voulant se signaler par sa diligence, courut avec tant de vitesse qu'il arriva bientôt à la Cour.

Le Roi s'entretenoit avec ses Courtisans : il fut fort surpris de voir Beslin harnaché de la sorte. D'où viens tu donc, lui dit-il ? Qu'apportes tu dans cette Valise ? Où as tu laissé Trigaudin ? Seigneur Roi, repondit Beslin, il m'a depêché vers vous avec des Lettres importantes & bien tournées. Vous n'aurez jamais rien entendu de mieux dicté : aussi y ai-je beaucoup de part. Je puis à bon droit m'en faire honneur, puisque sans moi il n'en seroit jamais venu à bout.

Parfumé *le Bouc* eut ordre d'ouvrir la Valise : il etoit Secretaire du Cabinet : Sa science l'avoit elevé à ce Poste ; il savoit toutes les Langues. C'etoit lui qui écrivoit les Lettres particulieres du Roi , & qui ouvroit celles qu'on écrivoit à Sa Majesté Leonine.

REFLEXION.

IL ne faut jamais se charger de rien , que l'on ne sache de quoi on se charge.

CHAPITRE XVIII.

La tête de Rouget le Lievre est tirée de la Valise.

A L'ouverture de la Valise, Parfumé *le Bouc* decouvrant la tête de Rouget. ho, ho! s'ecria-t'il, appelez vous cela des Lettres ? C'est une piece de rapport. Nous ne perdrons pas tout : Voici toujours la tête de notre ami Rouget ; le corps est apparemment resté pour les gages.

Le Lion outré de douleur & de colere fit retentir l'air de ses rugissemens. Pommelé *le Leopard* qui étoit auprès de lui, tacha de le consoler : Seigneur Roi, lui dit il, vous perdez un bon Sujet : mais il n'y a point de remede ; il eſt inutile de vous affliger. Penſez plutôt à venger ſa mort : il ne tient qu'à vous d'accabler vos ennemis. Seigneur Pommelé, repondit le Roi, les premiers mouvemens ſont difficiles à retenir. Quel creve-cœur n'eſt-ce pas pour moi que d'être ainſi abuſé ? Je me vois la dupe d'un Fourbe. Mes principaux Officiers ont été outragés par raport à lui ; je m'en repens : mais il eſt trop tard. Seigneur Roi, dit Pommelé, ne rappelez pas des idées qui vous attriſtent : effacez votre reſſentiment par la punition du crime. Beſlin avoue lui même qu'il en eſt le principal Auteur : livrez le à Grosbrun *l'Ours* & à Glouton *le Loup.* Qu'ils diſpoſent de lui à leur volonté. Allez enſuite aſſieger Trigaudin avec toutes vos Forces. Quand il ſera pris, faites le pendre ; & vous ne ſerez plus expoſé à de pareils deplaiſirs.

REFLEXION.

LEs Sots patiſſent ſouvent de leur imprudence.

CHAPITRE XIX.

Grosbrun l'Ours *& Glouton* le Loup *ſont élargis : on leur livre Beſlin* le Belier.

LE Leopard eut ordre de relâcher les Priſonniers. Si-tôt qu'ils furent en liberté, il leur dit : Le Roi, Meſſieurs, eſt fort fâché que vous ayez été ſi maltraités pour l'amour d'un Traitre. En temoignage du repentir qu'il en a, il abandonne Beflin *le Belier* à votre difcretion. *Vous pouvez deformais affaillir & maffacrer toute la Parenté & la Race de cet Animal, fans craindre de vous rendre criminels. On vous donne auffi pouvoir de chaffer, pourfuivre, bleffer, eftropier, detruire & exterminer Trigaudin le Renard & toute fa Sequelle : fi veut on que le prefent Privilege foit irrevocable, & que vous en jouïffiez à perpetuité vous, vos Hoirs & ayans caufe.*

Les Animaux relâchés n'attendirent pas un Contre-ordre. Grosbrun *l'Ours* exploita de fon mieux, & Glouton affaillit à belles dents la victime, en forte qu'ils n'en laifferent que la peau. Ce qui arrive encore tous les jours eft une fuite de cette Conceffion. Quelque part, où le Loup trouve des Defcendans du Belier, il fe jette deffus, il les depouille & les ronge jufqu'aux os, fans leur faire jamais de quartier.

REFLEXION.

LE plus foible eft ordinairement la proie du plus fort.

CHAPI-

CHAPITRE XX.

Croaſſon le Corbeau *& **Muſillard*** le Lapin *ſe plaignent de **Trigaudin** le Renard.*

AVant qu'on eût pris de nouvelles meſures, Croaſſon *le Corbeau* vint demander Audience & parla en ces termes : Clement Roi, dit-il, il ne s'eſt jamais tant fait de trahiſons & de meurtres qu'il s'en fait preſentement. *Trigaudin* deſole tous les jours vos plus fidelles Sujets. Hier après midi je me promenois avec ma Femme. Comme nous paſſions par une Bruyere, nous le vimes étendu tout de ſon long ſur le gravier : nous crumes qu'il étoit mort, & nous approchames ſans crainte. Il avoit la gueule ouverte : La langue lui en ſortoit d'un demi pied : Ma femme y fourra ſa tête, pour ſentir s'il avoit encore de la reſpiration. Le miſerable Pendart ferma ſubitement la gueule ; & d'un coup de dents il lui detacha la tête du corps. On peut penſer quel fut mon ſaiſiſſement : je commençai à jetter de grands cris. Non content de ſa premiere perfidie, il s'élança ſur moi ; & peu s'en fallut qu'il ne m'atteignit. Je gagnai le haut d'un arbre, d'où je vis la deſtruction entiere de ma Femme. Il l'avala ſi exactement qu'à peine en laiſſa-t'il l'extremité des plumes.

Autant même que j'en pus juger , il n'étoit pas aſſouvi : il en auroit encore bien devoré une demi-douzaine d'autres. Quand il fut parti, je ramaſſai le peu de plumes qui étoient reſtées. Je vous les apporte pour exciter votre compaſſion , & pour vous demander juſtice. Puniſſez le cruel aſſaſſin : Autrement on ne pourra plus s'expoſer en Campagne qu'au grand riſque de ſa vie.

Muſillard *le Lapin* ſe preſenta dans le même tems. On vit bien qu'il avoit auſſi des plaintes à faire : on lui prêta ſilence , & il s'expliqua ainſi : Seigneur Roi , je paſſois hier devant *Malperdu* pour me rendre à votre Cour : je n'avois aucune deffiance, lorſque j'apperçus Trigaudin qui d'un air engageant me fit ſigne , comme s'il avoit quelque choſe de particulier à me dire : je m'approchai de lui , & je le ſaluai gracieuſement. Mais au lieu de repondre à mon honnéteté , il ſe rua ſur moi avec fureur ; il vouloit m'étrangler. Je me ſuis echappé à force de me debattre. Heureux d'en être quitte pour trois grands trous que vous me voyez à la tête, & pour mes oreilles qu'il m'a emportées ! Votre Majeſté ne doit pas ſouffrir que ce deſordre continue : il y va de ſa gloire à punir le crime , & à retablir la ſureté des chemins dan ſon Royaume.

REFLEXION.

CElui qui est accoutumé à malfaire se corrige rarement, à quelque danger que sa mauvaise conduite l'ait exposé.

CHAPITRE XXI.

On se propose d'aller assieger le Château de Trigaudin le Renard ; il en est averti par Dominant le Blereau.

CEs nouveaux évenemens irritoient le Roi de plus en plus : Sa fureur paroissoit dans ses regards. La Reine interdite n'osoit presque parler. Comme son silence n'étouffoit point les reproches qu'elle sembloit s'être attirés, elle jugea à propos de le rompre. Mon cher ami, dit-elle au Roi, il ne faut pas croire legerement tous les rapports qui nous sont faits. Trigaudin a beaucoup d'Ennemis : le mal qu'on lui impute en son absence, est une preuve qu'il est haï, & non pas qu'il soit criminel. Peut-être se justifieroit-il sans peine, s'il étoit present : peutêtre même n'auroit-il plus d'Accusateurs. Souvent le plus coupable est celui qui fait le plus de bruit & qui se plaint davantage. C'est pourquoi quelque prejugé que vous ayez, il eſt bon d'entendre l'Accuſé. Faites-le venir : qu'il reponde aux faits , dont on le charge. Quand vous ſerez eclairci de la verité , il n'échappera pas à votre juſtice. Vous raſerez ſon Château de Malperdu , & vous detruirez cet Animal avec toute ſa Race.

Pommelé *le Leopard* prit la parole : Seigneur Roi , dit-il , l'avis de la Reine eſt très ſage. Votre Majeſté ne court point de riſque à le ſuivre. Entendez encore une fois Trigaudin ; & s'il n'a point de bonnes raiſons , faites lui ſubir un ſupplice qui ſerve d'exemple à toute la Poſterité.

Le Roi ne repondit que par un geſte animé , qui fit aſſez connoître qu'il ne vouloit plus d'explications. Après quelques momens paſſés ſucceſſivement dans un morne ſilence & dans une agitation violente , il ordonna que chacun eût à ſe tenir prêt dans ſix jours pour aller aſſieger le Château de Malperdu.

A cet ordre, Grosbrun *l'Ours* & Glouton *le Loup* qui ne reſpiroient que vengeance ſe promirent d'être bientôt delivrés de leur Ennemi. Ils en avoient autant de joie que la cuiſſon qu'ils ſentoient encore , leur permettoit d'en avoir.

Quoique Dominant le Blereau ſe fût retiré, deſeſperant d'aucune reſſource , il étoit toujours demeuré dans les mêmes ſentimens d'amitié. Il avoit ſçu avec la plus grande ſatisfaction quel tour l'affaire avoit pris , & il en avoit tiré un bon preſage pour l'avenir : mais

reconnoiſſant que l'intervalle favorable n'a-
boutiſſoit qu'à des ſuites plus funeſtes, il ſe
trouva plus embaraſſé que jamais. Dans la
contrarieté de ſes penſées, il ceda au penchant qui l'entrainoit, & il reſolut d'aller
avertir ſon Oncle du nouvel orage, prêt à
fondre ſur lui. Il partit & au bout de quelques heures de courſe il l'apperçut vers la
porte du Château avec deux pigeonneaux qu'il
venoit d'attraper.

Trigaudin voyant approcher ſon Neveu accourut, lui fit accueil, & lui demanda quelles nouvelles il apportoit. Mon cher Oncle, lui dit le
Blereau, j'ai pitié de votre ſort; vos affaires ne
ſauroient aller plus mal : je crains tout pour votre vie. Le Roi ne vous fera plus de quartier; il
doit venir inceſſamment avec toutes ſes Forces
aſſieger votre Château. Grosbrun *l'Ours* &
Glouton *le Loup* ſont plus que jamais dans
ſes bonnes graces. Muſillard *le Lapin* & Croaſſon *le Corbeau* ont achevé de vous noircir
par leurs plaintes. N'eſt-ce que cela, mon
cher Neveu, repondit Trigaudin ? Dormez en
repos & laiſſez moi faire. Je ſais comment
je m'y prendrai : je veux encore être élevé
audeſſus de tous les Envieux qui ſont à la
Cour. Entrons au Château : nous ſouperons
enſemble : je vous traiterai en ami. Ma Femme ſera bien aiſe de vous voir : mais ne lui
dites rien de ce que vous m'annoncez : vous
la mettriez hors d'elle même. J'irai demain

avec vous; & je me juſtifierai demaniere que l'on n'aura plus envie de m'accuſer.

Ils entrerent dans le Château. Hermine y étoit accroupie, entourée de toute ſa petite Famille : elle ſe leva & reçut Dominant avec beaucoup de careſſes. Enſuite on ſervit le ſouper, qui fut compoſé des deux pigeonneaux & d'abondance d'autre Volatille.

REFLEXION.

LOin d'être intimidé par les dangers que l'on a eſſuyés, on en devient ordinairement plus temeraire.

* * * * * * * * * * * * * * * * * *
* * * * * * * * * * * * * * * * *

CHAPITRE XXII.

Trigaudin le Renard *ſe rend pour la ſeconde fois à la Cour. Chemin faiſant, il raconte un tour qu'il avoit joué à* Glouton *le Loup.*

LE lendemain à la pointe du jour, *Trigaudin* prit congé d'Hermine : Ma chere Femme, lui dit-il, je vais accompagner mon Neveu : je pourrai faire quelque partie de Chaſſe avec lui. Si je tarde à revenir, ne t'impatiente pas : aſſure toi que je reviendrai le plutôt qu'il me ſera poſſible : ſur-tout garde bien notre Château.

La-deſſus les deux Compagnons partirent. Quand ils eurent gagné une Bruyere, Trigaudin addreſſa la parole à Dominant : Mon Neveu, lui dit-il, depuis notre dernier voyage j'ai encore bien fait des miennes. Le Treſor imaginaire, le Bonnet exigé de Grosbrun, les Souliers de Glouton mon Oncle & de ma Tante, la Tête de Rouget *le Lievre*, les Oreilles de Muſillard & le Meurtre de Dame Croaſſon, tous ces faits ſont de fraiche datte. Mais j'ai oublié à vous en conter un la derniere fois ; je vous le conterai pour vous prevenir, au cas que Glouton voulut le conter à ſon avantage. Ne doutez pas de ma ſincerité à votre égard : Vous meritez toute ma confiance par le zele que vous avez à me ſervir.

Je rencontrai un jour Glouton dans une Forêt : il me dit qu'il mouroit de faim ; j'eus pitié de lui. Si vous voulez, lui dis-je, venir avec moi, je vous aiderai à faire quelque capture. Nous cherchames long-tems de tous cotés ſans rien trouver. La faim le preſſoit tellement qu'il ne diſcontinuoit pas de heurler. Enfin j'entrevis une ouverture derriere une Haye : j'allai écouter & j'entendis du bruit. Je dis à Glouton : Entrez là-dedans ; il y a Compagnie : Vous y trouverez certainement à repaître. Mais il n'oſa pas s'expoſer que je n'y euſſe été le premier. Je conſentis par amitié pour lui à viſiter les lieux, pendant qu'il m'attendroit ſous un arbre.

L'entrée étoit longue, & obſcure : je trouvai dans le fond une place aſſez ſpatieuſe, où étoit une Guenon avec deux Petits qui étoient dejà forts. Elle avoit des yeux enfoncés , une grande gueule , de grands ongles, en un mot une figure effroyable. Auſſitôt qu'elle me vit, elle ouvrit la gueule & me montra les dents. C'étoit ce qu'elle avoit de plus beau : mais je n'en fus pas charmé ; tant s'en faut : j'aurois même voulu pour beaucoup être bien loin. Les Petits étoient laids à faire peur: j'allai néanmoins les ſaluer. Quoique la mere ne me fût rien , je l'appelai ma Tante , & je lui fis compliment ſur ſes Petits. Ma chere Tante, lui dis-je , que ces Enfans là ſont jolis ! C'eſt tout votre Portrait : ils vous reſſemblent parfaitement l'un & l'autre. Je n'ai point tardé à venir vous rendre viſite , dès que j'ai appris que vous étiez accouchée ; & je ſuis bien fâché de ne l'avoir pas ſçu plutôt. Mon Neveu , me repondit elle, vous êtes le bienvenu : je ſouhaitois fort de vous voir. Il n'y a point d'Animal qui ait plus de ſcience ni plus de politeſſe que vous. Je vous prierai d'inſtruire mes Enfans , & ſur tout de leur apprendre la civilité, afin qu'ils puiſſent paroître dans le Monde. Je les mettrai chez vous en penſion ; vous les éleverez avec les vôtres. Fort volontiers, ma Tante, lui repartis-je : vous n'avez qu'à parler. Je ferai pour vous ſervir tout ce qui dependra de moi.

La ſaleté de la Mere & des Petits rendoit
une

une odeur, qui ne m'accommodoit pas. Je fongeai donc à me retirer : ça, ma chere Tante, dis-je à la Guenon, je vais prendre congé de vous & retourner au logis. Nenni, mon Neveu, reprit elle, nous mangerons un morceau enfemble, avant que vous vous en alliez. Elle me mena dans un recoin, où il y avoit tant de provifions que j'en fus furpris. Il me fallut manger avec elle quoiqu'à contre-cœur. Après le repas elle me fit prefent d'un bon lievre pour ma Femme.

Je ne fus pas plutôt dehors que je ne pus me difpenfer de le donner à Glouton. Quand il l'eut grugé, il me dit qu'il avoit encore plus de faim qu'auparavant. Je lui confeillai d'aller à fon tour vifiter la Guenon, & de la louer elle & fes Petits malgré leur difformité ; fans quoi il courroit rifque d'être mal reçeu. N'étoit ce pas affez l'avertir ? Il entra, & s'approchant d'elle : Qu'eft-ce que je vois là, s'écria-t'il ? eft-ce là votre portée ? Vous avez bien operé ! Quelles hideufes figures ! Elles me font horreur. Fi, defaites vous de ces Magots là ? envoyez les à la riviere. La Guenon piquée du Compliment repartit : Que vous importe, Seigneur Glouton, qu'ils foient beaux ou laids ? De quoi vous embaraffez-vous ? s'ils vous deplaifent, ne les regardez pas. Il fort pourtant d'ici un Connoiffeur, qui n'eft point de votre fentiment. Il les a

L

trouvés fort jolis. Que venez vous donc nous dire ? qui eſt-ce qui vous envoye ici ? Que demandez vous ? Ce que je demande, reprit Glouton groſſierement, je demande à manger ; j'ai faim. En même tems il ſe tourna du côté de la cuiſine.

La Mere & les Petits ſe jetterent ſur lui, & l'accommoderent de toutes pieces. Avec leurs ongles ils lui mirent la face toute en ſang : je m'étonnai même qu'ils ne lui euſſent pas arraché les yeux ; tant il étoit defiguré, lorſqu'il revint vers moi. Il crioit & heurloit, comme un Poſſedé. Je vois bien, lui dis-je, que vous avez été trop ſincere : vous n'avez pas pu deguiſer votre penſée. Quand ce ſeroit pour mourir, me repondit-il, je n'en demordrois pas ; je ne ſais point flatter le Dé ; j'ai le cœur ſur les levres. Ce que j'ai dit, je le dis encore, & je le dirai toûjours : Ce ſont des Monſtres que ces Animaux là : il ne s'eſt jamais rien vu de plus affreux. Vous deviez, lui dis-je, ſuivre mon conſeil. Les belles paroles n'écorchent pas la langue : une honnêteté, une politeſſe ne coute rien. Va-t'on chez les gens leur dire des ſottiſes à leur nez ? Ainſi mon Neveu, vous voyez qu'il ne peut s'en prendre qu'à lui du mauvais accueil qui lui a été fait. Pourquoi n'a-t'il pas plus de circonſpection ? C'eſt là une avanture que j'ai euë avec lui, & dont vous n'étiez pas informé. S'il m'en fait un crime, vous voudrez bien m'appuyer, & proteger mon innocence. Mon Oncle, repartit Dominant, Je fouhaiterois fort qu'il n'y eût point d'autre affaire fur votre compte. Le plus grand mal que vous ayez fait, c'eft d'avoir envoyé la Tête de Rouget à la Cour. L'action eft d'une noirceur outrée : je ne fais pas comment vous vous en laverez.

REFLEXION.

TOutes verités ne font pas bonnes à dire. Quelque laids que foient des Enfans, ils font toûjours beaux aux yeux de leur Mere.

CHAPITRE XXIII.

Trigaudin le Renard comparoît pour la seconde fois à la Cour, où il se defend des crimes dont il a été accusé.

TRigaudin arrivant avec son ami passa au milieu des Seigneurs de la Cour ; il avança hardiment devant le Roi , & s'expliqua ainsi : Puissent le Roi & la Reine être à jamais preservés de tout mal , & acquerir une gloire immortelle par leur attention à discerner l'innocent d'avec le coupable. Plusieurs de vos Sujets , ô Clement Roi, cachent un cœur corrompu sous un dehors de sincerité. La protection dont Votre Majesté m'honore, a excité leur envie contre moi : mais la crainte d'y fuccomber n'alterera ni ma fidelité ni mon zele. Je pourrois m'alarmer, fi votre fageffe & votre penetration ne me raffuroient : Vous êtes autant élevé au deffus des autres Animaux par ces rares qualitez que vous l'êtes par votre Puiffance. Je me fuis déjà vu dans un preffant danger. Vous avez reconnu que je n'étois point coupable. Les Flatteurs qui avoient voulu vous furprendre, ont été punis; & vous m'avez fait grace. J'efpere encore la même juftice, examinez foigneufement fans prejugé qui a tort ou raifon. Je ne fuis pas embaraffé de confondre mes Accufateurs. Vous les verrez difparoître avant que je parte. Le Menfonge fera place à la Verité.

Tous les Animaux qui s'étoient attroupés pour entendre le madré Compagnon, ne pouvoient affez s'étonner de fon audace. Le Roi lui dit : Il faut convenir, Trigaudin, que tu es un maître Impofteur. Comment ofes tu parler auffi hardiment, que s'il t'étoit poffible de prouver ton innocence ? Tes belles paroles ne t'avanceront de rien. N'eft-il pas vrai que ta fidelité & ton zele ont paru dans ta conduite envers Mufillard & Dame Croaffon ? Penfes tu avoir de bonnes raifons à me rendre ? Je te promets que tu vas payer par ton col tous les crimes que tu as commis.

Ces menaces decontenancerent Trigaudin; il crut déja revoir la Potence : cependant il se remit encore & fit reponse : Votre Majesté, Seigneur Roi, est trop équitable pour refuser de m'entendre. Quand je devrois subir le plus grand supplice, seroit-il juste de m'interdire la parole ? Laissez-moi la consolation de vous representer que je vous ai donné plusieurs fois de bons conseils. Ne vous ai-je pas souvent secouru, pendant que les autres vous avoient abandonné ? Pourquoi auront-ils aujourd'hui le privilege de me diffamer, sans que je puisse repondre à leurs Calomnies ? Je suis donc né sous une Etoile bien malheureuse ? Est-il à presumer que je fusse venu avec tant d'assurance, si je m'étois senti coupable ? n'aurois-je pas cherché mon salut dans la fuite ? Ma comparution est une preuve que je n'ai rien à me reprocher. ç'a été une triste nouvelle pour moi, quand Dominant m'a appris que des Clabaudeurs m'avoient noirci de plus belle auprès de Vôtre Majesté. Ils n'ont garde de raconter les faits sans deguisement; ils se chargeroient de confusion.

Musillard *le Lapin* passa hier après midi devant ma porte : il m'aborda pour me dire qu'il venoit à la Cour, qu'il étoit fort las, & qu'il avoit bien faim ; j'eus pitié de lui : Entrez, lui dis-je, Camarade; vous vous reposerez & vous mangerez un morceau : je lui prefentai une Tartine * telle que je l'avois. Quand il eut bien mangé, Finet le plus jeune de mes Enfans s'approcha ; & comme les Enfans ont toûjours bon appetit, il voulut prendre une Crouftille qu'il voyoit par terre. A peine y eut-il touché, que Mufillard d'un coup de patte lui caffa le nez & le fit faigner. Vofquin mon ainé accourut pour revencher fon Frere : il prit Mufillard à la tête & il l'auroit mis en piéces, fi je ne les euffe feparés. On vient enfuite fe plaindre ; on me traite d'affaffin : on a manqué à être égorgé. Voyez un peu quelle impofture !

Quelques momens après, Croaffon *le Corbeau* s'arrêta à trente pas de ma porte : il étoit en grand deuil & faifoit de grands cris. J'allai lui demander à qui il en avoit & de qui il portoit le deuil : il me dit que fa Femme ayant mangé d'une charogne pleine de vers, le Gofier lui étoit enflé extraordinairement, & qu'elle en étoit crevée. Sans m'informer d'aucune autre circonftance, il s'envola fur un arbre ; & puis à l'entendre, c'eft moi qui ai tué fa Femme. Dites-moi, je vous prie, s'il y a de l'apparence à cela, puifqu'elle vole & que moi je n'ai pas la faculté de m'elever en l'air. Je ne puis qu'aller & venir, & toûjours refter fur terre.

---

* Une Tartine eft compofée de deux tranches de pain beurrées que l'on applique l'une fur l'autre. C'eft un regale ordinaire en quelques Païs.

Tous ces menſonges quoique mal imagi-
nés , n'ont pas laiſſé de me donner beaucoup
de chagrin. J'aurois été inconſolable ſans mon
Couſin l'Aigle Imperial , que j'ai rencontré
par hazard. Je lui ai conté ma peine , & je lui
ai fait voir le riſque , ou la Calomnie m'ex-
poſoit. Mon Couſin , m'a-t'il dit , ne vous
chagrinez pas ; prenez courage. Si vous ſou-
haitez , je prierai l'Empereur mon Maître d'é-
crire à Votre Roi , qu'il lui plaiſe avoir votre
bon droit pour reconnmandé. Ils ne ſe refu-
ſent rien l'un à l'autre , parce qu'ils ont tous
les jours occaſion de ſe rendre la pareille.
Vous n'avez qu'à parler ; je partirai de ce pas.
Demain au ſoir je ſerai de retour avec une
Lettre de recommandation. Vous n'attendrez
pas beaucoup : je vous accompagnerai à la
Cour , & votre affaire tournera à votre avantage. Quelque bon droit que l'on ait , la protection ne nuit pas.

Vous voyez , ô clement Roi , que je trou-
verois encore des amis dans le beſoin : mais
j'ai remercié l'Aigle mon Parent de ſes offres
obligeantes , & je ſuis venu ſeul , eſperant que
votre juſtice me tiendra lieu de recommnan-
dation. Je requiers que les Complaignans faſ-
ſent preuve ; ſinon je les deffie tête à tête. On
verra qui d'eux ou de moi à tort.

R E F L E X I O N.

UN Eſprit fin tire avantage & ſe fait honneur de fort mauvaiſes raiſons.

CHAPITRE XXIV.

On reproche la mort de Rouget le Lievre *à* **Trigaudin** le Renard. *Il reste interdit & sans reponse : Agile* la Guenon *parle pour lui.*

Musillard *le Lapin* & Croasson *le Corbeau* effarouchés par les Conclusions de Trigaudin se dirent l'un à l'autre : Le Traitre est trop fin pour nous. Il sait que nous ne pouvons pas produire de Temoins : C'est pour cela qu'il parle si hardiment. Il ne l'entend pas mal avec son Deffi ! Nous aurions vraiment beau jeu à nous battre contre lui ! Quand nous ferions dix, il nous extermineroit tous. Là dessus ils prirent le parti de deguerpir. Leur retraite mortifia Glouton *le Loup* & Grosbrun *l'Ours*, qui sentoient bien que leur ennemi s'en prévaudroit. Pour eux ils n'osoient accepter l'Appel, delabrés comme ils l'étoient.

Le Roi voyant que Trigaudin restoit seul demanda où étoient ses Accusateurs, ajoutant que si quelqu'un avoit quelque chose à dire, il parlât & qu'on l'écouteroit : mais personne ne souffla. Le rusé Fanfaron interpreta ce silence à son avantage en ces termes : Seigneur Roi, on dit souvent des autres en leur absence ce qu'on ne diroit pas d'eux, s'ils étoient presens.

M

Auſſi viennent ils à paroître, après qu'on les
a fauſſement accuſés, les Calomniateurs s'eva-
dent, pour éviter la confuſion qu'ils ont me-
ritée. Croaſſon & Muſillard font aſſez voir par
leur evaſion que je ſuis bien fondé à parler
ainſi. Ils m'accabloient pendant que je n'étois
pas à portée de me defendre : maintenant qu'-
ils me voyent ſur la defenſive, ils diſparoiſſent.

Puiſque perſonne ne t'accuſe, reprit le
Roi, parlons d'affaires nous deux. Dis moi,
je te prie, ſcelerat que tu es, pouvois tu me
faire un outrage plus ſenſible, que de m'envoyer la tête de mon Agent Rouget *le Lie-*
vre ? Eſt-ce là de quelle maniere tu reconnois
mes graces ? As tu oublié que tu t'es vu à la
Potence, que je t'ai rendu la vie, que tu as
même été honoré juſqu'à être conduit par toute ma Cour ? S'il ne te ſouvient plus de tes per-
fidies, je ne les ai pas oubliées, moi ; tu me les
payeras, je le jure, ou bien je conſens que
l'on traite ma Puiſſance de Chimere.

Trigaudin fut tellement deconcerté par ces
reproches envenimés, qu'il ne put pas deſſer-
rer les dents. Il jetta triſtement les yeux de
tous côtés pour voir ſi perſonne ne parle-
roit pour lui. Chacun gardoit le ſilence, lorſqu'Agile *la Guenon* s'avança. Elle étoit ſi ver-
ſée dans la juriſprudence ; qu'elle n'avoit pas
ſa pareille à la Cour. Ce qui lui donnoit encore un grand credit, c'étoit d'être la Favo-

rite de la Reine , dont elle étoit Dame d'a-
tour. Elle voulut fignaler fon favoir par
la defenfe defefperée de Trigaudin fon Neveu. Seigneur Roi , dit-elle , un Juge ne doit
point s'echauffer ni prendre feu , lorfqu'il eft
feant fur fon Tribunal pour entendre les raifons des Parties & leur rendre juftice. La colere nous emporte au delà des bornes de la
difcretion , & nous met hors d'état de difcer-
ner la verité d'avec le menfonge. Si Votre
Majefté veut rechercher foigneufement le paffé , elle trouvera que Trigaudin par la fubti-
lité de fon efprit , l'a tirée d'occafions tres
épineufes. Peut-être ne fe reffouvient elle plus
de la difpute que l'Homme & le Serpent eurent enfemble , il y a quelques années : mais je
vais lui en rafraichir la memoire.

Le Serpent s'étant pris dans un piege , l'Homme vint à paffer. L'Animal detenu pria l'Homme de le delivrer : celui-ci n'y trouvoit point
de fureté ; il s'en defendit. Le Serpent redoubla fes inftances & promit à l'autre avec fer-
ment qu'il ne lui nuiroit jamais : L'Homme
fe laiffa gagner. Le Serpent remis en liberté
accompagna fon liberateur & fuivit le même
chemin. Ce ne furent que proteftations de
reconnoiffance , jufqu'à ce que la faim fe fit
fentir au Serpent. Alors il commença à changer de langage & à chercher noife. Comment , dit l'Homme , eft celà ce que vous

m'avez promis? Ne m'avez vous pas juré que vous ne me feriez jamais de mal. Il est vrai, repondit le Serpent; mais la necessité n'a point de loi. Hé bien, dit l'Homme, ne me refusez pas une grace; je mourrai s'il faut mourir : rapportons-nous en au premier Animal que nous rencontrerons; le Serpent y consentit. Après quelques pas , ils rencontrerent Croasson *le Corbeau*, à qui le fait fut expliqué. Informé que c'étoit la faim qui portoit le Serpent à cette extremité ; & se sentant affamé lui même, il rendit Sentence de mort. L'Homme recusa le Juge comme suspect & interjetta appel de la Sentence. Survinrent Grosbrun *l'Ours* & Glouton *le Loup*, qui la confirmerent. Messieurs, s'écria l'Homme desesperé, vous êtes tous des Juges recusables & & des Goinfres. Je decline votre Jurisdiction, & j'appelle au Tribunal suprême de Sa Majesté Leonine.

Les Parties , Seigneur Roi, vinrent devant vous, & elles vous requirent de les juger : Jamais on n'a été plus embarassé que vous le futes. Ne sachant que repondre ni quel jugement rendre , vous fites assembler votre Conseil. Vous n'en futes pas plus avancé. Tous vos Conseillers se trouverent aussi embarassés que vous ; de quoi vous conçutes un grand chagrin par rapport à la confusion que vous recevriez, faute de decider le different d'une maniere équitable & satisfaisante.

Enfin vous vous avifates de mander Trigaudin pour le confulter. Il fit bien voir qu'il
étoit capable de refoudre les plus grandes dif-
ficultés. Son avis fut que l'on feroit une def-
cente fur les lieux, pour mieux connoître
comment la chofe s'étoit paffée. Vous approu-
vates cet avis. On fe rendit à l'endroit où
l'Homme avoit delivré le Serpent. Trigaudin
le fit remettre dans le piege & permit a l'Homme de l'en retirer ou de l'y laiffer, felon
qu'il le jugeroit à propos. La Decifion fut ad-
mirée de Votre Majefté ; & chacun donna de
grandes louanges à l'Arbitre.

Dites-moi prefentement qui de vos Con-
feillers eft comparable au pretendu Criminel.
Nommez m'en un à qui vous ayez autant d'o-
bligation ; Un qui ait confervé, comme lui,
l'honneur de votre Couronne. C'eft pourtant
l'infortuné que vous traitez fi feverement &
qui devient aujourd'hui l'objet de votre colere. Dans la reconnoiffance que j'ai des fervices qu'il vous a rendus, je devouerois ma
vie même à fa confervation. Oui, je me fa-
rifierois moi & mes Enfans pour le fouftraire
au fupplice dont vous le menacez.

Le Roi qui étoit de mauvaife humeur, &
qui voyoit que la Guenon prenoit fi chaude-
ment les interêts de l'Accufé lui dit : A quoi
bon tant de paroles pour un Fourbe, pour
un Traitre, un Infame qui n'a point d'autre
appui que vous ! On verra bien-tôt, re-

prit-elle, s'il manque d'amis. A l'inftant elle eleva fa voix & dit : Vous tous, qui êtes Partifans de Trigaudin & qui êtes prêts à le fervir, approchez ; venez temoigner par votre prefence la bonne volonté que vous avez pour lui.

Dominant *le Blereau* & fa Femme, l'Ecureuil, le Furet, la Fouine, la Belette & plufieurs autres animaux s'avancerent. Sur quoi la Guenon dit au Roi : Votre Majefté peut juger prefentement fi Trigaudin eft fans amis. En voilà un affez bon nombre : ils entreprendront tous fa defenfe dans l'occafion. Pommelé *le Leopard* prit la parole : Seigneur Roi, dit-il, felon les apparences Perfonne n'a plus rien à dire. Vous recueillerez, quand il vous plaira, les voix de votre Confeil ; & enfuite vous prononcerez, fi vous l'avez pour agréable.

REFLEXION.

C'Eft dans l'adverfité que l'on connoît les vrais amis : il n'en faut quelquefois qu'un qui foit entreprenant pour porter les autres à fe declarer.

* * * * * * * * * * * * * * * * * *
* * * * * * * * * * * * * * * * * *

CHAPITRE XXV.

Trigaudin le Renard *invente de nouvelles bourdes & impose au Roi encore plus qu'auparavant.*

LEs remontrances que l'on venoit de faire
au Roi, ne l'avoient point appaifé. Le
crime qu'il avoit objeé , lui tenoit extremement au cœur. Avant que d'aller aux
Opinions, il demanda la tête de Rouget *le Lievre* afin de la reprefenter à l'Accufé , qui
fembloit avoir donné une forte prefomption
contre lui par fon filence. Avec la tête de
Rouget, on apporta la peau de Beflin. A la
vue de ces reftes , Trigaudin affeéta une fur-
prife extraordinaire. Que vois-je, s'écria-t'il ?
mon bon ami Rouget eft mort ! Que j'en ai
de douleur ! Et toi, mon pauvre Beflin auffi,
toi à qui j'avois confié mes Joyaux & mes
Raretés pour les remettre au Roi & à la Reine ! A propos Votre Majefté ne m'a point parlé
de ces Prefens que je lui ai envoyés. Ne les a-
t'elle pas reçus ? Le Roi repondit : Beflin n'a
point apporté de Joyaux. Il s'eft dit feulement
chargé de Lettres qu'il t'avoit aidé à compo-
fer. On a ouvert fa Valife, où l'on n'a trouvé que la tête de Rouget : c'eft ce qui a cau-
fé le defaftre du Porteur. Je l'ai abandonné

pour ce fujet à Grosbrun *l'Ours* & à Glouton *le Loup* qui l'ont devoré.

Trigaudin pouffa un profond foupir & dit : je fuis defolé fi ces Joyaux font perdus. Comment ferai-je ma paix avec ma Femme ? elle vouloit abfolument que je les apportaffe moi-même, & que je ne les quitaffe point de vue; tant ils étoient precieux. Mais j'ai cru qu'en-voyant Beflin & le faifant efcorter par Rouget, je ne courois aucun rifque. De peur qu'ils ne fuffent tentés de fe les approprier & de gagner le large, je m'étois fervi d'un pretexte plaufible pour les detourner de toute curiofité. Ils auront apparemment rencontré des Voleurs qui auront ouvert la Valife. Rouget a l'ouverture fe fera apperçu de la valeur ineftimable des Préfens : il aura voulu faire refiftance : les Voleurs lui auront coupé le col, & fubftituant adroitement fa tête aux Joyaux, ils auront fait entendre à Beflin qu'ils le rechargeoient fans lui rien ôter ; qu'il ne parlât point de la mort de Rouget ; qu'on ne la fauroit pas, & que Perfonne n'en feroit inquieté. Beflin aura donné dans le panneau : ce ne peut être auffi que par leur confeil qu'il s'eft fait honneur du Meffage.

Pour ce qui me regarde, y a-t'il quelque vraifemblance à me foupçonner après les bontés que Votre Majefté a eues pour moi ? la feule penfée d'une action fi noire me fait

fre-

fremir. Mes chers amis , c'eſt dont fait de vous ! Que je ſuis malheureux ! Tranquilliſe toi, dit Agile *la Guenon* à Trigaudin, ne t'af- flige pas : Dis nous ſeulement ce que c'étoit que ces Joyaux : il ſera facile de les ravoir , pour peu qu'ils ſoient encore en nature. Nous prierons *Robbécolio* frere de l'Enchanteur *Sala- mael* qu'il faſſe une Conjuration. Ceux qui les ont pris ſeront forcés à les rapporter auſ- ſi-tôt. Non, non, ma Tante, reprit Trigaudin, il n'eſt pas permis d'avoir recours à la Magie noire , ni de conſulter le Diable. D'ailleurs cet artifice m'eſt fort ſuſpect : j'ai de la pei- ne à croire qu'il fit jamais decouvrir le vol. Mais moi , je ſaurois bien y parvenir, ſi j'étois chargé d'en faire la recherche ; dûſſé-je parcourir le Monde entier & ex- poſer ma vie aux plus grands dangers. Ecoutez preſentement , Seigneur Roi, ajou- ta-t'il avec un ton d'aſſurance , quels étoient ces Joyaux ; je vais vous expliquer en quoi ils conſiſtoient. Vous jugerez ſi la perte n'eſt pas des plus conſiderables.

Il y avoit trois pieces differentes. Premiere- ment c'étoit une Bague ſans pareille : L'An- neau en étoit d'or. Dans le contour interieur étoient gravés des caracteres étrangers : on m'a dit que c'étoient des mots Hebreux ; je n'y comprenois rien, parce que je n'entens pas la langue Hebraïque. Quiconque portoit cet

Anneau, étoit à couvert de plufieurs fortes
d'accidens : il n'avoit à craindre ni tempête,
ni tonnerre : les Sorciers n'avoient aucun
pouvoir fur lui : il auroit paffé trois nuits
d'hiver à la belle etoile, fans que ni neige ni
gelée ni vent puffent l'enrhumer ni l'in-
commoder. Cet Anneau étoit enrichi de trois
Pierres precieufes.

L'une étoit de couleur de feu fi vive & fi
brillante, qu'on n'avoit pas befoin d'autre lumiere pendant la nuit ; elle eclairoit mieux
que trois flambeaux.

L'autre Pierre étoit d'un blanc lumineux :
il ne falloit que s'en toucher une fois, quelque mal que l'on eût aux yeux ; on étoit gueri fur le champ. C'etoit auffi un remede fou-
verain contre plufieurs autres maux : poifon,
cancers, fiftules, rien ne refiftoit. Avoit-on
la fievre ? quelque maligne qu'elle fût, il fuf-
fifoit de boire de l'eau, où cette Pierre eût
été trempée ; on recouvroit auffi-tôt la fanté.

La 3.ᵉ Pierre etoit d'un verd naiffant varié
de quelques goutes de pourpre : Elle avoit
la vertu de rendre invulnerable. Eut-on été
pourfuivi par dix mille hommes, toutes leurs
armes feroient reftées fans effet ? On étoit feur
de remporter la victoire fur tous fes Ennemis
pendant la journée, quand on avoit feulement regardé cette Pierre à jeun. La portoit-
on fur foi, on etoit biénvenu de tout le monde ? Elle avoit encore plufieurs autres proprie-

tés que l'on m'a dites & dont je ne me res-
souviens pas presentement. Enfin l'on m'avoit
tant conté de merveilles de cette Bague, que
je n'ai cru Personne digne de la porter que
Vous, ô puissant Roi ! Vous que je regarde
comme le plus illustre des Monarques.

Je l'avois trouvée dans le Trefor de mon
Pere. J'y avois trouvé aussi un Peigne à deux
côtés, dont ma femme avoit grande envie :
malgré cela, je l'envoyois à la Reine. C'etoit
un fameux ouvrier nommé *Leon*, qui l'avoit
fait d'un os de Panthere. La couleur en étoit
si belle & si agréable que l'on ne pouvoit
rien voir de plus charmant. Il avoit l'odeur
la plus suave : Les proprietés en étoient admi-
rables. On n'avoit qu'à le porter sur soi à la
promenade pour se faire suivre par tous les
petits Oiseaux, qui tenoient compagnie en
chantant. Il faisoit passer les vapeurs. De quelque maladie que l'on fût attaqué, on étoit
gueri, à le flairer seulement. Sur le Champ
de ce Peigne étoient gravées plusieurs belles
Histoires. On y voyoit celle du Berger Paris
lorsqu'il jugea les trois Déesses, Junon, Pal-
las & Venus, & qu'il donna le prix à la derniere : On y voyoit encore comment le même Paris enleva Helene Epouse du Roi Mene-
las. Le Sac de Troye y étoit aussi representé ;
& au dessous de chaque Histoire en étoit l'ex-
plication.

N 2

REFLEXION.

LEs contes merveilleux attirent l'attention, & souvent ils surprennent la raison de ceux qui les écoutent.

CHAPITRE XXVI.

Trigaudin le Renard *fait le recit de son Miroir & raconte les Histoires dont la bordure étoit ornée.*

MAdame , continua Trigaudin , s'adressant à la Reine. Je vous envoyois encore un Miroir ; & vous allez juger s'il étoit de peu de valeur. La glace avoit la vertu de représenter tout ce qui se passoit une lieue à la ronde , tant parmi les Hommes que parmi les Bêtes. Quelques taches de rousseur que l'on eût au visage , il n'en restoit pas la moindre apparence , dès qu'on s'etoit regardé une seule fois dans ce Miroir. La bordure étoit d'un bois incorruptible non sujet à se vermouler & plus estimé que de l'or. Aux quatre coins étoient sculpées des Histoires que je vais vous conter. En voici une :

Un Cheval gros & gras vit passer par un pré où il paissoit , un Cerf qui couroit d'une grande vitesse. Jaloux de ne pas se sentir la même legereté , il se proposa d'emprunter du secours pour le joindre & pour lui faire perdre la vie. Dans ce dessein il alla accoster un

Berger : Ami, lui dit-il, je viens de voir paſſer un Cerf, que je voudrois que vous euſſiez.
Sa chair vous ſerviroit d'une bonne proviſion,
& vous vendriez bien ſon bois & ſa peau.
Oüi ! dit le Berger, mais comment l'attrape-
rai-je ? Mettez vous ſur moi, repondit l'autre ; & nous courrons après de toutes nos
forces. Le Berger y conſentit, & monta le
Cheval. Ils commencerent à courre le Cerf ;
mais inutilement. il alloit plus vîte qu'eux.
A la fin le Cheval étant las, dit au Berger :
Ami, deſcendez à preſent & laiſſez moi un
peu reſpirer. Je me ſuis mis hors d'haleine à
force de courir. Non pas, repartit le Berger :
Si j'ai manqué le Cerf, je ne te manquerai
pas ; je te retiens en dedommagement : tu
me vaudras bien autant qu'il auroit pu me
valoir. Ce fut ainſi que le pauvre Cheval ſe
trompa lui-même, & qu'il porta la peine de
ſa jalouſie.

Sur un autre coin du méme Miroir, étoit
repreſentée l'Hiſtoire d'un Ane & d'un Chien.
Ces deux animaux demeuroient enſemble
chez un riche Marchand. Le Chien etoit fort
aimé de ſon maître & le ſuivoit tous les
jours à table. L'Ane qui ſe voyoit traité bien
differemment ſe depita & dit en lui-méme :
Moi qui fais le gros ouvrage, qui porte le
bled au moulin, qui vais querir tout le bois
neceſſaire pour le menage & qui travaille con-
tinuellement comme un Forçat, je ne mange

que des chardons ; & le petit Chien, parce
qu'il eſt careſſant, il approche de la table, il
y goute des meilleurs mets & ſe fait plus
aimer que s'il produſoit un grand profit à la
maiſon. Sa conduite me doit ſervir de model-
le, je veux m'y conformer ; & lorſque notre
Maître reviendra de la Bourſe, j'irai audevant
de lui, & je le careſſerai à l'exemple du petit
Chien. L'Ane ne manqua pas d'executer ſon
projet. Au retour du Maître il courut vers
lui, s'éleva ſur les pieds de derriere ; & ca-
briolant pour le careſſer, il lui porta les deux
de devant ſur les épaules ſi lourdement, qu'il
le jetta à la renverſe ; il s'avança enſuite pour
le lécher. Le Marchand crut être à ſa derniere heure ; il appella ſes Garçons , criant de
toute ſa force : Eh vîte ! Garçons, à moi,
l'Ane m'aſſomme. Ils accoururent avec de
gros bâtons, & chargerent l'apprenti Faiſeur
de cabrioles juſqu'à lui faire craquer l'épine
du dos. Voilà le fruit qu'il tira de ſa tentative
pour ne s'être pas contenté de ſon état & a-
voir voulu rendre ſa condition meilleure.

Il y avoit encore , ajouta Trigaudin , une
autre Hiſtoire ſur un des coins d'en-bas. Celle-ci
s'etoit paſſée entre le Chat & Renard mon
Pere. Ils s'étoient juré de ſe ſervir mutuelle-
ment, & de ne ſe jamais abandonner l'un
l'autre, en quelque danger que ce pût être.
Uu jour qu'ils étoient enſemble dans un bois,
ils entendirent ſonner du cor. Le Chat fut a-

larmé ; il dit à mon Pere : Renard mon ami,
Que ferons nous ? Comment éviterons-nous
ces Chaffeurs ? Ne t'embaraffe pas, lui repondit mon Pere ; je fais quantité de rufes ; refte
avec moi ; il ne nous arrivera rien. L'autre
jetta un foupir & dit : Pour moi je n'ai pas
tant de fcience ; je ne fais qu'un moyen de me
fauver. S'il ne me réuffit pas, je fuis fort à
plaindre. En difant cela, il grimpa fur un arbre, fe cacha tout en haut entre les feuilles
& laiffa mon Pere en bas expofé au peril de
fa vie. Sur ces entrefaites arriverent les Chiens
qui n'avoient pas envie de lui faire quartier.
Le traître Grimpeur lui cria : Renard, fers
toi de quelqu'une de tes rufes ; en voici l'occafion. Mon Pere plia bagage, & après avoir
bien couru, il commençoit à perdre haleine.
Les Chiens étoienr prêts à le happer : mais
heureufement il trouva une ancienne tanniere;
il s'y gliffa & leur échappa ainfi, fervant néanmoins d'exemple du peu de compte qu'il y
a fouvent à faire fur la bonne foi d'autrui,
quand l'interêt particulier vient à s'y oppofer.

La derniere Hiftoire, continua Trigaudin,
étoit arrivée au Bis-ayeul de Glouton *le Loup*.
Preffé un jour par la faim, il trouva une car-
caffe de Cheval. Quoiqu'elle fût toute decharnée, il fe mit à croquer & à gruger. Mais au
plus fort de fon appetit, il lui refta un os en
travers dans la gorge. L'incommodité etoit
dangereufe & preffante ; il appella differens

Operateurs ; aucun n'y pouvoit rien. Enfin il s'avisa que la Grue avoit le col long & le bec fort ; il la fit prier de venir le secourir. Elle vint & enfonça si avant son bec dans le gosier du Patient, qu'elle atteignit & retira l'os qui l'étrangloit. L'operation heureusement faite, elle demanda son salaire. Comment, lui dit l'Animal tiré de danger : N'es tu pas assez contente que je t'aye conservé la vie, pendant que tu avois la tête dans ma gueule ? Elle n'eut point d'autre recompense que ce Compliment pour sa peine, & pour avoir servi un ingrat.

REFLEXION.

CE n'est pas un petit talent que de savoir amuser le Tapis, quand on a de mauvaises affaires dont les suites sont à craindre.

CHAPITRE XXVII.

Trigaudin le Renard *represente ses services au Roi ; & par l'entremise de la Reine, il obtient la liberté d'aller chercher ses Joyaux.*

C'Etoient là, Seigneur Roi, poursuivit Trigaudin, les Curiosités que je vous ai envoyées par Beslin *le Belier.* Vous m'avez, ce me semble, insinué que ni moi ni les Miens, nous ne vous avions jamais été utiles

&

& que vous ne ſaviez pas en quoi conſiſtoient nos ſervices. Votre Majeſté a tant d'affaires dans la tête que l'une lui fait ſouvent oublier l'autre : je m'en apperçois bien. Si vous me permettez de vous rafraichir la memoire, vous reconnoîtrez que vous avez obligation à notre Famille. La demarche delicate que je vous ai contée de mon Pere, m'empechera de lui donner toutes les louanges, qu'il merite d'ailleurs. Il vous avoit toûjours été fort attaché; & c'eſt en ſon attachement que je veux lui reſſembler & même le ſurpaſſer, s'il eſt poſſible. Je rapporterai un ſeul trait de ſon habileté.

Vous n'etiez encore qu'un Enfant de trois ans ou environ, lorſque le Roi votre Pere eut une grande maladie. Il n'y avoit aucun de ſes Medecins, qui n'en deſeſperât. Mon Pere arriva pour lors de Montpellier, où il avoit fait ſon cours de Medecine & avoit été receu Docteur de la Faculté. Il ſe rendit promtement à la Cour, & demanda à voir l'urine du Roi. Dès qu'il l'eut vue, il ne balança point ſur le remede; il ordonna qu'on prit le foie d'un Loup de huit ans, & qu'on le fit manger à Sa Majeſté. Le Pere de Glouton qui étoit preſent ne s'accommodoit point de cette ordonnance, craignant d'en payer les frais. Pour moi, dit-il par proviſion, je ne ſuis point votre affaire; car je n'ai pas

encore fept ans. Vous en paroiffez davantage,
repondit mon Pere ; & vous ne favez peut-
être pas au jufte quel age vous avez : mais je
le verrai aifement, quand j'aurai votre foie
fous mes yeux. Comme le Loup ne donnoit
point d'excufes valables, on le mena à la cui-
fine, & on le tua. Son foie fut fervi au Roi,
qui recouvra la fanté, recompenfa liberale-
ment mon Pere, & voulut que dans tous fes
Etats il fût appellé *le fameux Docteur Renard.*

Pour ce qui me regarde, continua Trigaudin, je me fuis diftingué auprès de vous en
plufieurs occafions par ma fobrieté. Cette
Vertu ne brille pas dans certains Courtifans
qui n'ont pour vous plaire que des menfon-
ges ou des flateries à vous dire. Je mourrois
plutôt de faim que de priver Votre Majefté
d'un morceau qui lui feroit plaifir. Je me fou-
viens qu'un jour d'hiver, Glouton & moi
nous avions attrapé un jeune Cochon fraîche-
ment tué. Nous nous difpofions à jouer des
mâchoires, lorfque vous furvintes avec la
Reine. Vous nous fites l'honneur de nous dire:
Meffieurs, le Ciel vous foit en aide. Nous
avons grand appetit, la Reine & moi. Il faut,
s'il vous plaît, que nous foyons de votre écot.
Glouton fe mit à rognonner. Pour moi je
vous dis d'abord : Très volontiers, Seigneur
Roi, prenez ce qu'il vous plaira. Vous chargeates Glouton de partager la piece, comme
il le jugeroit à propos. Il commença par en

mettre de côté une moitié qu'il se reservoit. Il mit l'autre en commun, la separa en deux, vous servit un quartier tant pour vous que pour la Reine,& il attaqua l'autre quartier avec une avidité incroyable. Tout ce qui m'en revint, ce fut quelque partie de la Fressure, que je lui degraissai. Il avala si vîte son quartier, qu'avant que vous eussiez achevé le vôtre, il eut le tems d'engloutir la moitié qu'il avoit mise du côté de l'épée ; si bien même qu'il venoit encore vous aider : mais vous y mites bon ordre ; sa gourmandise vous courrouça. Vous lui imprimates Votre Patte Majestueuse sur la face avec tant de vigueur, que vous lui emportates la peau, qui resta dans les Grifies de Votre Majesté. Comment , lui dites vous, vraye Safre-gueule ! Où avez vous donc appris à vivre ? Vous êtes terriblement expeditif. Suffit-il qu'il y en ait assez pour vous ? Je n'ai pas à beaucoup près satisfait mon appetit. Allez au plus vîte me chercher de quoi me raffasier , & ne me le faites pas dire deux fois.

Glouton ne marchanda point ; il partit à l'instant , & je lui tins compagnie. Nous trouvâmes un Veau de lait que nous apportames. Comme Glouton avoit fait le premier partage si inegal , vous me chargeates du second. Je partageai le Veau en deux ; je vous en presentai la moitié. J'en mis un quartier à part pour ma Femme ; l'autre quartier , je le donnai à Glouton , ne me refervant qu'une partie des entrailles ; fur quoi vous me demandates qui m'avoit appris à faire fi honnêtement les chofes. Je vous repondis que c'étoit le Blereau mon Neveu. On lui rapporta que je vous avois parlé avantageufement de lui : il m'en a toûjours fçu bon gré depuis.

Qu'ai-je befoin , Seigneur Roi , d'entrer dans un plus grand detail de mes fervices ? ils font affez connus à la Cour , quoique je n'en fois pas plus avancé. Se tenoit-il autrefois un Confeil que je n'y fuffe appellé des premiers ? La Cour étoit alors dans une grande profperité. Mais je fens renaître mon efperance. Ma fortune pourra bien-tôt changer de face. Suppofé même que l'Envie me fufcite de nouveaux dangers , Je ne tomberai pas dans le decouragement. La Vertu n'eft jamais fans confolation ; fi fon triomphe n'eft public que quand fes Ennemis font abbatus , elle triomphe en fecret pendant qu'elle eft perfecutée.

La Reine avoit ecouté Trigaudin fort attentivement. Outre que les Prefens dont il avoit parlé la flattoient , elle s'intereffoit pour lui à caufe du blâme qui feroit retombé fur Elle , s'il fût refté fans defenfe. Encouragée par la difpofition plus favorable, où elle voyoit le Roi : Vous penfiez, lui dit-elle, que je m'etois laiffé furprendre. Vous recon-

noiſſez preſentement que l'on attribue par envie & ſans preuve à un de vos bons Sujets
tous les accidens qui arrivent. Les Preſens
qu'il nous envoyoit, ne marquent pas qu'il
ſoit méconnoiſſant de nos graces. J'avoue,
dit le Roi, qu'il entend merveilleuſement à
ſe defendre; & je ſuis obligé moi-même de
m'adoucir en ſa faveur. Ecoute, dit-il à Trigaudin, je te pardonne encore une fois. Il
n'y a point de preuve ſuffiſante que tu ſois
coupable de la mort de Rouget *le Lievre.*
C'eſt pourquoi je t'en declare quitte & de-
chargé. A l'egard de tes Joyaux il faut avoir
patience. Peut-être ſe retrouveront-ils ? Va
les rechercher par tout, & tâche d'en apren-
dre des nouvelles. Je ne demande pas mieux,
reprit Trigaudin : mais, Seigneur Roi, ſi je
viens à decouvrir où ils ſont, & que je ne
puiſſe les avoir que par force, Votre Majeſté
voudra-t-elle bien me prêter du ſecours ? C'eſt
une affaire qui la regarde, puiſque les Joyaux
ſont à elle. Oui certes, dit le Roi, ſi tu as
beſoin de moi, tu peux compter ſur toutes
mes Forces. Je vous rends, ajouta Trigaudin,
mille graces de vos bontés, j'en ſuis penetré;
& je vous promets de ne me point arrêter
que je n'aye retrouvé les Joyaux.

R E-

REFLEXION.

QUand un Gourmand fait un partage, il garde toûjours la meilleure part pour lui:
mais lorsqu'il a affaire au Renard, il se trouve
ordinairement trompé.

CHAPITRE XXVIII.

Trigaudin le Renard est encore accusé de quelques mauvais tours dont il se defend.

GLouton étoit très faché de voir que Trigaudin fût renvoyé abſous une ſeconde fois. Il ne put s'empêcher de parler. Puiſſant Roi, dit il, Trouvez bon que je vous marque ma ſurpriſe. Eſt-il poſſible que vous vous rendiez encore aux diſcours de ce pervers & mechant Animal ? Vous n'ignorez pas qu'il a toûjours des faux-fuyans tout prêts, & qu'il eſt Grec en l'art de colorer le Menſonge & de deguiſer la Verité. Le Fourbe eſt d'autant plus dangereux qu'il ſait mieux inſinuer ſes impoſtures. Permettez moi de vous conter un mauvais tour , qu'il **a** joué à ma femme.

Il lui promit de lui faire pêcher autant de poiſſon qu'elle en pourroit porter. Après lui avoir attaché un Manequin à la queue , il la mena à un étang. C'étoit en hiver & par un grand froid. Il lui perſuada de s'accroupir à a mi-corps dans l'eau & d'y reſter juſqu'à ce qu'il l'avertît de ſe lever. En peu de tems le Manequin ſe prit ſi fort à la glace qu'il n'y avoit plus moyen de l'arracher. Le Scelerat qui s'en doutoit , dit à ma Femme qu'il étoit tems de ſortir & qu'elle tirât de toute ſa force : mais elle avoit beau tirer; elle étoit trop bien priſe. Elle ſe mit à heur-ler horriblement. Les Païſans des environs accoururent & l'auroient aſſommée : mais aux premiers coups qu'ils lui porterent, elle fit un ſi grand effort pour ſe degager, qu'elle laiſſa une bonne partie de ſa queue avec le Manequin dans l'eau.

Voyez , Seigneur Roi , dit Trigaudin quelle ſuppoſition Glouton vient vous faire ! Se peut il rien de plus groſſier ? Il eſt bien vrai , que j'ai montré à ſa Femme un endroit où il y avoit beaucoup de poiſſon. Je lui recommen-dai de ſe contenter d'en prendre ſa ſuffiſance; il ne tenoit qu'à elle de ſe retirer à tems : mais par gourmandiſe elle voulut remplir ſon Manequin. Eſt-ce ma faute , ſi elle **a** attendu que la glace l'eût accrochée ?   **La**

La Louve fe leva & dit : Tais-toi, Fourbe fieffé, on ne connoît que trop ta perfidie. Oferas-tu pallier encore la noire malice, que j'ai effuyée de ta part, il n'y a pas long tems, lorfque tu étois au fond d'un puits, où tu te noyois ? Je paffai par hazard, j'entendis foupirer, je regardai dans le puits & je te demandai ce que tu faifois là. Tu me repondis que tu avois tant mangé de poiffon que tu en crevois. Je te priai de me dire comment je ferois pour defcendre près de toi. Mettez vous, me dis-tu, dans l'autre feau. Je le fis : à peine m'y fus-je mife que je me trouvai au bas du puits. Pour toi tu fus remonté auffi vîte que j'étois defcendue. Tu me dis même en paffant : ainfi va le monde ; l'un monte & l'autre defcend. Tu difparus en diligence, fans t'embaraffer de ce que je deviendrois. Je reftai toute la journée dans le puits à croquer le marmot. J'y ferois, je crois, demeurée long tems, s'il n'étoit venu un Païfan fur le foir pour avoir de l'eau. Encore fis-je bien de prendre mon efcouffe en dehors, dès que j'approchai vers le haut du puits ; Car quand le Païfan qui croyoit ne tirer qu'un feau d'eau m'aperçut, il fut fi effrayé qu'il lacha la corde & fe precipita avec un grand cri à la renverfe. Te difculperas tu facilement de cette action ? vous faites là un plaifant conte, repliqua Trigaudin à la Louve ! y a-t'il la moindre vraisemblance ? voulez vous donner à penser que vous ayez eu assez d'imprudence pour vous mettre dans le seau sans prevoir comment vous vous en tireriez ?

Il restoit à Glouton quelque chose sur le cœur. Je vous conterois , dit-il, Seigneur Roi, de quelle maniere j'ai manqué à être tué par une Jument pour vouloir suivre les conseils de ce Traître. Mais avec quelque exactitude que je rapporte le fait , il y trouvera toujours à gloser. C'est pourquoi j'aime mieux qu'il le raconte lui-même ; & s'il s'écarte de la verité , je verrai ce que j'aurai à faire. Puisque vous me remettez , repartit Trigaudin , le recit de cette avanture , je n'y ajouterai & je n'en diminuerai aucune circonstance.

Je passois , continua Trigaudin , il y a quelque tems , avec Glouton par un pré où paissoit une Jument , qui avoit à côté d'elle un Poulain noir. Glouton étoit pressé par la faim ; il me pria d'aller demander à la Jument, si elle vouloit vendre son Poulain. J'y allai , & la saluant fort civilement , Madame , lui dis-je , je vous souhaite le bon jour : vous avez là un joli Poulain ! Voudriez-vous le vendre ? Je connois un honnête Maquignon qui s'en accommoderoit. Oui-da , me repondit elle , je le vendrai , pourveu que l'on m'en donne le prix qui est marqué sous mon pied de derriere. Je vins rendre reponse à Glouton : Mon cher Oncle , lui dis-je , vous aurez le

Poulain. Allez vîte à la Jument, pendant qu'elle eſt en humeur de le vendre ; elle le laiſſe pour une ſomme que vous trouverez marquée ſous ſon pied de derriere. Je n'ai pu voir combien c'étoit, parceque je ne ſcais pas l'Arithmetique : mais vous, ſi vous la ſavez, vous ſerez bien-tôt ſatisfait. Si je la ſais, reprit Glouton, belle demande ! Je ſuis Mathematicien : il y a peu de Sciences que je ne ſache : je ſais les Loix & les Coutumes. Le Roi a eu recours à moi pluſieurs fois, & il s'eſt toûjours bien trouvé de mon erudition & de mes conſeils.

Glouton plein de lui même courut vers la Jument, & lui propoſa le marché. Elle lui dit de voir la ſomme qui étoit chiffrée ſous ſon pied de derriere, qu'elle n'en rabattroit rien & que c'étoit le prix du marchand. Il s'y preſenta ; elle leva le pied, & le baiſſa auſſitôt : Ma Commere, dit-il, je n'ai pas encore bien vu. A l'inſtant elle lui detacha une ſi forte ruade ſur le front, qu'elle le fit ſauter à quinze pas en arriere, où il reſta plus d'une heure pour mort. Après l'avoir ainſi congedié, elle quitta la place & prit la fuite avec ſon Poulain. Quand Glouton fut un peu revenu, Je m'approchai de lui : Mon cher Oncle, lui demandai-je, comment vous trouvez vous ? A ce qui me paroît, vous n'êtes pas convenu de prix. Le Poulain étoit apparemment

trop cher ; la Jument vouloit le furvendre.
La maligne Roffe, me repondit-il , avoit envie de le vendre , comme j'ai envie de m'aller noyer. Si elle tombe jamais fous mes pattes , elles s'en reffouviendra. Elle avoit un
fer au pied , & je penfois que les cloux fuffent des chiffres. Du coup qu'elle m'a fanglé,
il me femble que j'ai la tête fendue en deux.
Comment, mon oncle, ajoutai-je, pour un
Savant comme vous l'êtes , vous vous laif-
fez ainfi redreffer ! Le Proverbe dit bien vrai,
que les plus fages font quelquefois les dupes
des fots. Je n'aurois pas cru qu'une Jument
pût vous en revendre. Prefentement, Seigneur Roi, a-t'il lieu de fe plaindre ? Votre
Majefté voit fi j'ai eu d'autre deffein que de
le fervir.

REFLEXION.

LEs Menteurs font fujets à fe contredire:
ils employent le Oui & le Non tour à
tour felon leur befoin, & fouvent fans y faire attention.

CHAPITRE XXIX.

Glouton le Loup *appelle* *Trigaudin* le Renard *en duel.*

Glouton eut la patience d'entendre le recit tout entier sans l'interrompre : mais les traits malins dont il le trouvoit entrelardé, étoient autant d'aiguillons qui irritoient de plus en plus sa colere. Soit qu'il se crût suffisamment refait de ses blessures, soit que son animosité l'étourdît sur le danger d'une entreprise prematurée, il ne put s'abstenir d'éclater. Allons, Maroufle, dit-il à Trigaudin, en voilà trop. J'ai toûjours dit que tu étois un Traître & un Scelerat ; je le soutiens encore & je ne m'en dedirai jamais.

Si tu n'es pas content, je t'appelle en duel à
demain matin. Nous nous battrons seul à seul,
& l'on verra qui à tort de nous deux. Tiens
voici mon gage , ajouta-t-il en jettant un lam-
beau de la peau de Beslin, dont il avoit re-
cemment enveloppé une de ses blessures.
Puisque ton affaire te paroit si bonne, viens
la defendre dans un combat avec toute la force de ton corps. Ce deffi ne plaisoit point à
Trigaudin : néanmoins il ne fit rien paroître ;
il releva le gage avec fermeté & dit : Je
souhaite depuis long tems d'en venir là ; je
ferai voir que toutes les accusations formées
contre moi sont des impostures.

Le Roi reçut le gage que Trigaudin lui remit, & il demanda des Otages. Grosbrun *l'Ours*
& Moustache *le Chat* se donnerent en cette qualité pour Glouton; Dominant *le Blereau* & Agile
la Guenon pour Trigaudin. Agile encouragea
celui-ci. Mon Neveu, lui dit-elle, voici l'occasion de te signaler. Tu as à faire à forte Partie. Il faut user d'adresse. Quoique tu sois fer-
tile en stratagemes , mes conseils ne te nui-
ront pas. Fais toi raser tout le corps, excepté
la queue qui restera garnie de son poil. Tu te
feras ensuite frotter de savon ou de quelque
liqueur grasse & onctueuse pour te rendre la
peau si glissante, qu'il n'y ait point de prise
dessus. Cours toûjours à l'encontre du vent,
& fais voler la poussiere dans les yeux de
ton Ennemi : Ainsi tu l'aveugleras, & tu le

mettras hors d'état de te nuire. Afin qu'il ne t'attrape point par la queue, tiens la toûjours recourbée sous le ventre & ne la redresse que quand tu voudras t'en servir pour battre & élever la poussiere. Harasse-le à courir après toi, parcequ'il a encore les pattes tendres & douloureuses. Pendant qu'il s'essuyera les yeux, pince-le, mords-le, & fais lui le plus de mal que tu pourras. Si tu profites de mes avis, la victoire t'est assurée. Va aujourd'hui te coucher de bonne heure pour être demain plus dispos. On aura soin de te reveiller.

Trigaudin suivit les conseils de sa Tante. Après avoir pourvu le soir même aux premiers preparatifs, il alla se reposer sur un gazon audessous d'un arbre. Le lendemain de bon matin la Fouine vint l'eveiller & lui apporta un canard. Allons lui dit-elle, mon ami Trigaudin, leve toi, il est tems. Voici un bon canard que je t'apporte pour ton dejeuner : c'est ma chasse de toute la nuit. Trigaudin ne fut pas longtems à sa Toilette ; il se fit promtement graisser. La Guenon survint & lui dit : mon Neveu, arme toi de courage. Souviens-toi de la leçon que je te donnai hier ; tu remporteras infailliblement la victoire, & Personne n'osera plus se jouer à toi. Ma chere Tante, repondit Trigaudin, je vous ai bien de l'obligation. Depuis que vous m'avez instruit, je me sens une valeur extraordinaire. Là-dessus il dejeuna ; puis ayant remercie la Fouine

il alla prendre quelques gorgées d'eau fraîche
au premier ruiſſeau , d'où il s'achemina en
bon equipage vers la lice.

R E F L E X I O N.

QUelque aviſé que l'on ſoit, on ne doit
pas mepriſer les avis des autres.

CHA-

CHAPITRE XXX.

Combat en Champ clos entre Glouton le Loup & Trigaudin le Renard.

TRigaudin vint se presenter à Sa Majesté Leonine & la salua. Elle ne fut pas peu émerveillée de le voir équipé comme il l'étoit : elle le felicita sur les precautions qu'il avoit prises. Il entra ensuite dans la lice, accompagné de ses Parens & de ses Amis. Glouton entra pareillement, suivi des siens. Quand les deux Champions furent prêts, chacun se retira, leur laissant la carriere libre. Le Leopard & le Tigre furent choisis pour Gardes du Champ.

Q

Glouton ne tarda pas à fe lancer fur Trigaudin. Celui-ci, qui avoit l'œil au guet, fauta legerement en arriere, prit la fuite, & courant toûjours contre le vent, fit voler tant de pouffiere que Glouton fut bien-tôt contraint de s'arrêter. Pendant qu'il reftoit en place, Trigaudin reprenoit haleine : il fatigua ainfi fon Ennemi à plufieurs reprifes. Après l'avoir bien harcelé par ce manege, il crut pouvoir entreprendre davantage ; fi bien que venant fur lui dès qu'il le voyoit arrêté, il lui portoit toûjours quelques coups de dents, qui formoient des plaies fanglantes. Enfin il lui fit trois grandes taillades au front & lui en rabatit le peau prefque fur les yeux. A [la vue de fon operation, il entra en humeur de s'égayer. Qu'eft-ceque c'eft, dit-il, compere ? comment vous trouvez vous prefentement ? les mouches vous ont-elles piqué ? n'eft-ce pas là ce que vous cherchiez depuis long-tems ? Prenez patience, ce n'eft encore rien. Vous en aurez bien d'autres, avant que nous nous quittions.

Glouton bouilloit de vengeance, pouffé à bout en toutes façons. D'un faut qu'il fit fur Trigaudin, il le terraffa : mais le Combatant alerte & leger fe releva bien vite & fe remit à courir. Ce fut alors la plus grande chaleur du Combat. Glouton ne faifoit que fauter, & Trigaudin lui echappoit toûjours. L'un employoit la force ; l'autre n'ufoit que de fineſſe. Glouton avoit encore bien mal aux pattes ; autrement il eut été bien-tôt vainqueur. Plus il ſe donnoit de mouvement, plus les pattes lui devenoient ſenſibles & cuiſantes. Cependant avec de nouveau efforts il atteignit Trigaudin & l'ayant renverſé ſur le dos, il le ſerra de ſes pattes de devant contre terre, & le tenoit ainſi en échec.

Les amis de Glouton ſe rejouiſſoient, pendant que ceux de Trigaudin étoient fort alarmés, ne comptant pas qu'il pût echaper. Te voilà pris preſentement, Fourbe inſigne, lui dit Glouton : tes fineſſes ne ſervent plus à rien. L'heure eſt venue de te faire payer tous les maux que tu m'as faits. Mon cher Oncle, s'ecria Trigaudin, capitulons, entrons en compoſition. Je veux bien être votre Vaſſal. Mes Parens mes amis & moi, nous vous prêterons tous Serment de fidelité. Tout ce que nous attraperons, Poules, Poulets, Canes, Canards, Perdrix, Becaſſes & Faiſans, tout ſera pour vous, pour votre Femme & pour vos Enfans. Je vous aiderai de mes Conſeils en toute occaſion. Vous avez la force en partage ; moi, j'ai la fineſſe. Quand nous ſerons bien unis enſemble, nous viendrons à bout de toutes nos entrepriſes. Proches Parens comme nous le ſommes, pouvons nous ſans être denaturés nous faire du mal l'un à l'autre ? Je n'aurois jamais hazardé un combat contre vous, ſi **vous** ne m'y aviez provoqué le premier. Vous avez du reconnoître que je n'avois point de mauvaiſes intentions. Je fuyois, je vous evitois pour vous marquer que je ne voulois point prendre l'avantage ſur vous. Je comptois que vous vous laſſeriez de me pourſuivre, & que je vous echapperois ſans vous bleſſer. Je vous ai toûjours épargné. Vous ſeroit-il honorable de tuer une pauvre Bête qui n'eſt pas en état de ſe defendre? Je vous ferai devant le Roi reparation de toutes les injures que je vous ai jamais faites. Ah, voleur, ajouta Glouton! Tu voudrois bien que je te lâchaſſe. Si tu étois une fois en liberté, tu ne tiendrois pas un langage ſi humble. Je connois ta duplicité; ne crois plus m'en impoſer: je porte aſſez de tes marques.

A ces mots Glouton baiſſa la gueule pour étrangler Trigaudin: mais celui-ci qui avoit les pattes en l'air, ſe ſervit dans le moment ſi à propos de ſes ongles, qu'il arracha un œil à l'autre. Glouton ne put ſoutenir la douleur; il jetta un cri affreux, & lâcha priſe, portant la patte à ſa plaie. L'Acteur dératé ne fit qu'un ſaut & recommença à fuir de plus belle. Glouton outré de voir l'avantage qu'il avoit perdu, redoubla tellement ſes efforts que ſe precipitant dans ſa courſe il paſſa par deſſus Trigaudin, qui n'ayant pas moins d'animoſité, happa ſon ennemi par le nœud de la queue & s'y attacha.

Quand le Champion eborgné sentit là les dents de son Rival, il n'eut point d'autre ressource que de courir à perte d'haleine pour l'etourdir & lui faire quitter prise. Mais Trigaudin serroit toujours plus fortement les dents, & se laissa trainer tant que l'autre eut de, forces. A la fin Glouton perdit assez de sang par toutes ses blessures, pour tomber en defaillance. Trigaudin le voyant immobile par terre, lui sauta à la gorge & se mit à travailler avec ardeur, sans trouver d'autre resistance que quelques secousses interrompues d'un animal aux abois.

Les Parens de Glouton dechûs de toute esperance allerent demander quartier pour lui à sa Majesté Leonine, & la prierent de faire cesser l'acharnement de Trigaudin. Le Roi envoya d'abord deux Heraux. Ils arriverent comme Trigaudin tiroit son Ennemi par les oreilles hors de la lice, ne craignant plus rien de sa part. C'en est assez, dirent-ils, Seigneur Trigaudin. Le Roi vous reconnoit pour Vainqueur. Je suis content, leur repondit-il ; je ne voulois que m'assurer de l'honneur de la Victoire. Avertissez, je vous prie, mes amis qu'ils viennent me parler.

Glouton fut emporté par ses Parens, qui s'obligerent à le representer mort ou vif. Ils le remirent aux plus habiles Chirurgiens pour le traiter & pour panser ses plaies.

La Demande du Champion victorieux pu-

bliée à l'entrée du Champ, on vit auffitôt avancer Dominant *le Blereau* & fa Femme, Agile
la Guenon, la Belette, la Fouine & les autres
amis de Trigaudin. Plufieurs même de ceux
qui avoient eté contre lui auparavant fe ran-
gerent de fon parti, & vinrent le feliciter.

REFLEXION.

ON eft toujours courtifé, quand on s'eleve
au deffus des autres foit par fon merite
ou par fon adreffe. Chacun cherche à s'approcher de ceux que la fortune favorife : mais
l'adverfité eloigne les amis mêmes.

CHAPITRE XXXI.

Trigaudin Vainqueur vient en triomphe saluer le Roi, & retourne comblé d'honneurs au Château de Malperdu.

APrès que Trigaudin eut receu les complimens de tous ses amis, il leur dit que son devoir étant d'aller saluer le Roi il souhaitoit qu'ils l'accompagnassent, afin qu'il se presentât avec plus de distinction & d'appareil. Ils accepterent d'un commun accord une offre où ils ne trouvoient que de l'honneur pour eux. La Ceremonie ne tarda guere à être en ordre. Il fut conduit au son des Trompettes ; & toute sa Suite donnoit de gran-

des marques de joye pendant la marche sur
la Victoire qu'il avoit remportée.

En arrivant, il se prosterna devant le Roi,
qui le releva & lui dit : Trigaudin, je suis
content de ta conduite ; je te décharge de
toutes les accusations intentées contre toi. Si
Glouton guerit de ses blessures, je le traiterai selon droit & raison. Seigneur Roi, repondit Trigaudin, Votre Majesté me comble
de ses graces. Elle voit que la verité s'est fait
jour à travers les obstacles. Avant que je
fusse honoré de votre bienveillance, plusieurs
me regardoient avec mepris. Attachés seulement aux apparences ils suivoient le parti de
Glouton. La disgrace fait disparoître les Adu-
lateurs que la faveur avoit attirés. Je rapporterai à ce sujet un trait d'histoire, que la memoire me fournit.

Il y avoit dans une basse-cour une troupe
de chiens qui attendoient qu'on leur aportât
à manger. Ils virent sortir de la cuisine un Mâ-
tin qui avoit trouvé un gros morceau de viande, avant qu'il fût perdu. Ils s'approcherent
tous & lui dirent : Il faut que le Cuisinier
vous aime bien , pour vous avoir donné
un si bon lopin. Dans le temps qu'ils le
felicitoient à dessein d'attraper quelque par-
celle de sa fortune , le Cuisinier qui s'étoit
apperçu qu'on l'avoit deniaisé , vint sourde-
ment avec un gros bâton qu'il cachoit der-

riere

riere lui ; & furprenant fon voleur , il lui en
dechargea un coup terrible fur l'échine. Les
Ecornifleurs s'efquiverent de differens côtés
avec precipitation , abandonnant celui qu'ils
courtifoient auparavant.

Il en arrive tous les jours de même , Seigneur
Roi : tant que nous fommes en profperité, nous
trouvons des Flatteurs. Nous voit-on riches
& dans l'abondance , on vient nous offrir
mille fervices ? Il fuffit de n'avoir befoin de
perfonne pour être fecouru de tout le monde. Si quelqu'un parvient par intrigue à quelque place honorable qui ne lui foit pas due ,
fon merite, lui fait on entendre , a été trop
tard recompenfé. Ceux même qui rempliffent
des Poftes où on les craint plus qu'on ne les
aime , peuvent fouvent s'enorgueillir des te-
moignages d'eftime & de confideration qu'ils
reçoivent. On les careffe dans la vue d'être
épargné & favorifé. On vante en leur prefence le choix tombé fur eux , comme une
influence de leur équité & de leur definteref-
fement, pendant que ces complimens font
dementis par les fentimens du cœur. Auffi la
fortune vient elle à leur tourner le dos , il n'eft
plus queftion de les menager : On ne les plaint
point dans leur adverfité : on fe dedomma-
ge de la complaifance que l'on avoit auparavant pour eux à regret : on les accable de
reproches & d'injures.

R

J'ai eprouvé, Seigneur Roi , les differens effets des revolutions de la vie. Il sembloit que j'allasse être la victime d'une haine presque generale. Qui n'auroit pas cru que le plus grand nombre ne fût celui, dont le jugement étoit le mieux fondé ? Cependant le sort du combat ne laisse aucun doute que je n'aye toûjours eu le bon droit de mon côté : J'espere de ne l'avoir pas moins à l'avenir en depit de l'envie.

Le Roi repondit : Je veux, Trigaudin, me servir de toi dans la suite en toutes occasions , soit pour deliberer , soit pour agir. Prens bien garde d'offenser jamais personne. Je te retablis dans ta premiere reputation. Tu es, je l'avoue, necessaire à la Cour, si tu veux t'y comporter avec candeur. Il n'y a personne qui te surpasse en penetration & en memoire. Tâche de conserver mes bonnes graces. Le souvenir des Reflexions que tu viens de faire doit t'y engager. Tu entretiendras ma protection par une conduite sage. Quiconque osera te nuire aura a faire à moi. Je te fais *Stadhouder & Gouverneur General de mes Etats.*

A ces paroles , les amis de Trigaudin temoignerent au Roi leur gratitude avec de grandes acclamations. Le Roi leur dit : J'ai toute la bonne volonté possible pour lui : mais recommandez lui bien de se contenir dans son devoir. Ils promirent au Roi que lui & eux , ils feroient toûjours inviolablement attachés à fon fervice.

Trigaudin parut avoir le cœur penetré de reconnoiffance. Je ne merite pas , dit-il au Roi , l'honneur que votre Majefté me fait. Elle peut compter fur, tous les fervices qui dependront de moi. Le Trefor fera employé à la rendre redoutable à fes Ennemis. Rien ne fera épargné pour lui procurer un Regne glorieux & floriffant.

Et vous , Madame , ajouta-t'il s'adreffant à la Reine , vous voyez la fuite de vos bienfaits. L'innocence que vous avez protegée eft victorieufe. Un fuccès imprevu a juftifié la confiance dont vous m'avez honoré. Je n'ai point de termes affez forts pour exprimer ma reconnoiffance. Nous allons mes amis & moi faire une perquifition exacte des prefens qui vous étoient deftinés. J'efpere que nous ne tarderons pas à les decouvrir.

Le Roi & la Reine engagerent Trigaudin à revenir le plutôt qu'il pourroit. Il les affura qu'il fuivroit toûjours fon penchant en fe conformant à leurs intentions ; & il partit avec une grande joye de s'être tiré fi honorablement d'un fi mauvais pas. Il fe laiffa accompagner quelque efpace de chemin par ceux de fon Parti ; après quoi il les remercia & prit congé d'eux , les invitant à ne pas aller plus loin & à s'en retourner chacun chez foi. Pour lui il fe rendit à fon Château de Malperdu, où il raconta à fa Femme tout ce qui s'étoit paffé. Elle fut charmée de fe voir devenue une des premieres Dames du Royaume.

REFLEXION.

LA Rouë de la Fortune tourne fans ceffe, pour tenir les uns en crainte & les autres en efperance.

FIN.

TABLE
DES CHAPITRES.

CHAP. I. *LEs Animaux se rendent à la Cour du Lion leur Roi.* Trigaudin *ou le Renard ainsi nommé ne s'y trouve pas : il est accusé par le Loup.* pag. 1.

CHAP. II. Dominant le Blereau *prend la defense de Tri-gaudin* le Renard. 5

CHAP. III. Trigaudin. le Renard *est accusé par Gozille* le Coq. 8

CHAP. IV. *Le Roi tient Conseil sur les mesures qu'il doit prendre contre* Trigaudin le Renard. 12

CHAP. V. Grosbrun l'Ours *va porter un adjournement personnel à* Trigaudin le Renard, *qui lui fait accueil & le reçoit avec apparence d'amitié.* 14

CHAP. VI. Grosbrun l'Ours *tâchant d'atteindre du miel, se prend dans la fente d'un Chêne, où il est bien battu.* 18

CHAP. VII. *Sur les plaintes de* Grosbrun l'Ours, *le Roi depêche* Mouſtache le Chat *qui tombe aussi dans les pieges de* Trigaudin le Renard. 25

CHAP. VIII. *Au retour de* Mouſtache le Chat, *on envoye* Dominant le Blereau *à qui* Trigaudin le Renard *raconte plusieurs de ses tours ; entre autres, comment il avoit attrapé* Minaudier le Singe, *& de quelle maniere il avoit apris à* Glouton le Loup *à sonner les cloches.* 32

CHAP. IX. Dominant le Blereau *promet à* Trigaudin le Renard *de le servir. Celui-ci après avoir fait un aveu sincere de la plûpart de ses tours, ne marque point d'amendement dans sa conduite.* 39

CHAP. X. Trigaudin le Renard *arrive à la Cour. Il est condamné à être pendu.* 41

CHAP. XI. Trigaudin le Renard *étant sur l'échelle, de-*

TABLE DES CHAPITRES.

mande à parler, & il est entendu. 45

CHAP. XII. *Trigaudin* le Renard *accuse son Pere d'une Conspiration où il implique ses Ennemis.* 49

CHAP. XIII. *Grosbrun* l'Ours & *Glouton* le Loup *voulant se plaindre, sont arrêtés prisonniers.* 54

CHAP. XIV. *On dechausse le Loup & la Louve par ordre de la Reine, & on coupe à Grosbrun* l'Ours *un morceau de sa peau.* 59

CHAP. XV. *Trigaudin* le Renard *va decouvrir son pretendu Tresor à Beslin* le Belier *& à Rouget* le Lievre. 61

CHAP. XVI. *Rouget* le Lievre *entre dans le Château de Maiperdu, où il est étranglé par Trigaudin* le Renard. 64

CHAP. XVII. *Beslin* le Belier *retourne à la Cour avec la Valise de Trigaudin* le Renard. 68

CHAP. XVIII. *La tête de Rouget* le Lievre *est tirée de la Valise.* 70

CHAP. XIX. *Grosbrun* l'Ours & *Glouton* le Loup *sont élargis. On leur livre Beslin* le Belier. 71

CHAP. XX. *Croasson* le Corbeau & *Musillard* le Lapin *se plaignent de Trigaudin* le Renard. 73

CHAP. XXI. *On se propose d'aller assieger le Château de Trigaudin* le Renard; *il en est averti par Dominant* le Biereau. 75

CHAP. XXII. *Trigaudin* le Renard *se rend pour la seconde fois à la Cour. Chemin faisant, il raconte un tour qu'il avoit joué à Glouton* le Loup. 78

CHAP. XXIII. *Trigaudin* le Renard *comparoît pour la seconde fois à la Cour, où il se defend des crimes dont il a été accusé.* 84

CHAP. XXIV. *On reproche la mort de Rouget* le Lievre *à Trigaudin* le Renard; *il reste interdit & sans réponse. Agile* la Guenon *parle pour lui.* 89

CHAP. XXV. *Trigaudin* le Renard *invente de nouvelles bourdes & impose au Roi encore plus qu'auparavant.* 95

CHAP. XXVI. *Trigaudin* le Renard *fait le recit de son Miroir, & raconte les histoires dont la bordure étoit ornée.* 100

CHAP. XXVII. *Trigaudin* le Renard *represente ses services au Roi; & par l'entremise de la Reine, il obtient la liberté d'aller chercher ses Joyaux.* 104

TABLE DES CHAPITRES.

CHAP. XXVIII. *Trigaudin* le Renard *eſt encore àc-
cuſé de quelques mauvais tours dont il ſe défend.*   111
CHAP. XXIX. *Glouton* le Loup *appelle* Trigaudin le
Renard *en duel.*   117
CHAP. XXX. *Combat en Champ clos entre* Glouton
le Loup *&* Trigaudin le Renard   121
CHAP. XXXI. *Trigaudin Vainqueur vient en triomphe
ſaluer le Roi, & retourne comblé d'honneurs au Château
de Malperdu.*   127

Fin de la Table des Chapîtres.

Fautes à corriger.

Page 37. *ligne* 7. avee, *liſez* avec.
Page 41. *ligne* 4. donne, *liſez* donnée.
Page 47. *ligne* 11. je n'ai, *liſez* je n'eus.
Page 66 *ligne* 14. tours de detours, *liſez* tours
& de detours.
Page 71. *ligne* 26. de relâcher, *liſez* de faire relâ-
cher.
Page 85. *ligne* 2. ſuccomher, *liſez* ſuccomber.
Page 91. *ligne* 30. eſt cela, *liſez* eſt-ce là.
Page 93. *ligne* 24. ſarifierois, *liſez* ſacrifierois.
Page 99. *ligne* 23 Paris, *liſez* Pâris.
Page 118. *ligne* 30. fais, *liſez* fai.

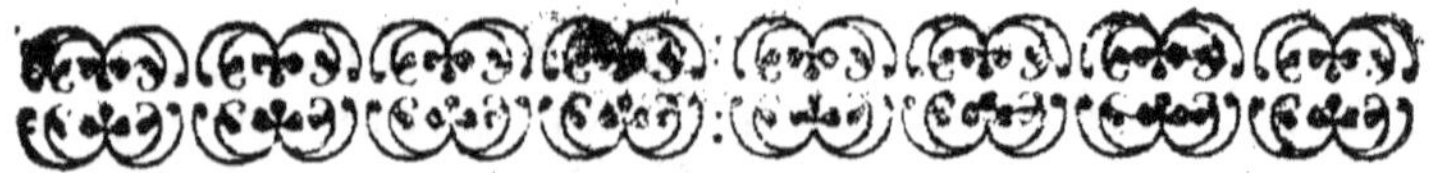

APPROBATION.

J'Ai lû un Manuscrit intitulé *le Renard ou le Procès des Bêtes*, & je n'y ai rien trouvé qui puisse en empêcher l'Impression. Donné à Bruxelles le 6. Juillet 1739.

H. J. LAMBERT, Censeur & Examinateur des Livres.

EXTRAIT DU PRIVILEGE.

CHARLES, par la grace de Dieu, Empereur des Romains, toûjours Auguste, Archiduc d'Autriche, Duc de Lothier, de Brabant. &c. a permis à JAQUES PANNEELS, Imprimeur & Libraire, d'imprimer, vendre & distribuer un petit Livre intitulé *le Renard ou le Procès des Bêtes* : Et défenses sont faites à tous autres Imprimeurs & Libraires de le contrefaire en tout ni en partie, ou, étant imprimé ailleurs, de l'introduire, vendre ni debiter en ce Païs pendant le tems de six années consecutives, à peine de confiscation & de trente florins d'amende pour chaque Exemplaire, &c. ainsi qu'il est plus amplement porté par l'Original. DONNE' à Bruxelles le 28. Juillet 1739. *Signé*, P. VAN CUTSHEM.